凡事徹底「一日一話」

「後味のよい人生」を送るために

鍵山秀三郎［著］
Kagiyama Hidesaburo
亀井民治［編］
Kamei Tamiharu

PHP

まえがき

半世紀前の人たちに比べて、現代日本人の知識は比較ができないほど豊かになりました。これは、大学や専門学校などを含めて高等教育を受ける人が多くなったことや、マスコミやITなど社会生活から知識を得る機会が多くなったからでもあります。

豊かになった知識の量に反して、情操面は著《いちじる》しく乏《とぼ》しくなり、人間味も薄くなる一方となりました。これは、戦後の教育が知識のみを重視して、情操を育《はぐく》むことをおろそかにしてきたことと、家庭や社会から情操的なことを身につける機会が極端に少なくなってきたことによるものです。

そして、情操が乏しく常識に欠けた人が親となって、子どもに伝えられなくなったことが大きな要因となりました。

その結果として、人々の行動が衝動的になり、自分の行動を抑制することができなくなりました。いま社会で起きている犯罪が、その傾向を証明するかのように、理由のない衝動的な事件が多くなりました。

人が社会生活を営《いとな》むうえで大事な条件や決め事は、数えきれないほどたくさんありますが、「考え」「分別《ふんべつ》」「心得」「弁《わきま》え」など、自らを律するものを備えていることが欠かせない条件です。

自動車にたとえれば、ハンドルとブレーキのようなもので、出力（能力）の大きいエンジンを搭載していれば、それに見合った高性能のブレーキも装着していなければいけないのと同じです。

しかし、現代人は出力の大きいエンジンを求めるばかりで、ブレーキに相当する「自己抑制」という豊かな情操を育む努力を怠《おこた》ってきました。そのために、ハンドルとブレーキを装着していない自動車のように暴走する人が増える一方となり、社会の治安が乱されるようになりました。

知識や能力の不足は、豊かに培《つちか》われた情操で補うことができますが、情操の不足は知識で補うことができないのです。

このような社会の風潮を憂《うれ》えられて、システムジャパンの亀井民治社長とＰＨＰ研究所の安藤卓常務執行役員が、先に出版した『鍵山秀三郎「一日一話」』（ＰＨＰ研究所）の続編を出版してくださることになりました。

この本が皆様の心を養うことの一助となりますれば幸いに存じます。

二〇一九年三月

鍵山秀三郎

凡事徹底「一日一話」 目次

3月

6月

7月

装幀――印牧真和
イラスト――北國説子
書――鍵山秀三郎

1月

「一隅を照らす」という言葉があります。たとえ自分のやっている役割は小さなことであっても、確かな生き様を遺《のこ》す。一貫した私の人生観です。

1日 座右の銘《めい》

私の座右の銘は「凡事徹底」です。換言すると、「誰にでもできる平凡なことを、誰にもできないくらい徹底する」という意味です。

さらに座右の銘を挙げるならば、「ひとつ拾えば、ひとつだけきれいになる」と「やっておいてよかった」です。

いずれの言葉にも、実践の大切さを込めています。実践なくして、活路が拓《ひら》けることはありません。

2日 自戒の言葉

私が敬愛している西郷隆盛の言葉に、「己《おの》れを愛するは善《よ》からぬことの第一なり」という教えがあります。

どこまでも自己犠牲を己れに課した、西郷隆盛らしい言葉です。

自分だけに重きを置く人は、動物や獣《けもの》と変わりがありません。自分以外の人を愛してこその人間です。

この教えを、私は自戒の言葉として肝《きも》に銘じて生きるようにしています。

3日 もしいま……

私の人生は、いいことよりも失敗のほうが多い人生でした。

もしいま、若いころの自分に戻ることができるとしたら、その失敗のいくつかを避けることができたかもしれません。

そうなれば、もう少しいい人生になったでしょう。しかし、若いころに戻れたとしても、やることはいまと同じだと思います。こと人生においては、自分の生き方に後悔はありません。

4日 掃除初め

毎年一月四日の早朝、広島から夜行バスに乗って東京の菅刈《すげかり》公園（目黒区）の掃除に来られる高校教師がいます。山陽高等学校の現役教師・村上和弘先生です。

村上先生が生徒指導に迷っておられたとき、拙著《せっちょ》を目にされました。以来、掃除の威力に惹《ひ》かれたとのこと。

いまでは拙著を教材にも使用され、一月四日を毎年の掃除初めと決めて、東京からスタートされています。

5日 行動を変える

誰もが、自分の人生をよりよいものにしたいと願っています。

ところが、そうした願いを持ちながら、自分の悪《あ》しき行動を少しも変えようとしない人がいます。

それでは、いつまでたっても人生が好転することはありません。まず、習慣となっている悪しき行動を変える努力から始めることです。よい行動が、よりよい人生へと導きます。

6日 やればできる

やる前から、「できる」か「できない」か思い悩む人がいます。

そういう人は、どんなにいいことに気づいても、行動へ移すことはありません。「できる」か「できない」かは、やってみなければわからないことです。

やったうえで、やるべきかやめるべきかを判断しても遅くはありません。

すべては、最初の一歩を踏み出す行動力にかかっています。

7日 よい生き方

一言でいうと、「権利は小さく、義務は大きく」ということに尽きます。

権利が先行すると、心が不安定になります。その分だけ、生き方そのものが卑《いや》しくなります。

反対に、義務を優先して大きくすればするほど、心の安定が得られます。その分だけ、おだやかな気持ちになり、心が落ち着いてきます。くれぐれも楽して得をしようなどと思わないことです。

8日 大切なもの

人の心や土の中の根っこは、目に見えないところで生き続けています。

大切な存在でありながら、控え目に隠れています。しかも、育てるには手間ひまを要するものばかりです。

表面で派手に脚光を浴びているものだけが大切なことではありません。

大切なものほど目に見えません。目に見えるものばかりを追い求めていると、自分を失うことになります。

9日 目標

自分の目標を持つのは大切なことです。ただ、その目標に振り回されるようなことがあってはなりません。

目標ばかりを追い求めていると、焦《あせ》りや不安だけが増幅します。

目標を決めたら、いったんポケットに仕舞い込みましょう。そのうえで、いま自分にできることから始めることです。

そうしていると、少しずつ目標が向こうから近づいてくるようになります。

10日 百人の一歩

もともと人間一人ひとりはさまざまな能力を持っています。その能力を仲間と共有してこそ、大きな力になります。

その点、掃除には個人の能力を活かし合って、お互いを引き寄せる力が潜《ひそ》んでいます。一緒に掃除をすることで、価値観を共有化できるからです。

これは掃除から得られる貴重な学びの一つです。大事なのはやはり、「一人の百歩よりも、百人の一歩」。

11日 枠《わく》

待ち合わせ五分前までに行く。借金は約定日《やくじようび》前に返済する。飛行機や新幹線に乗ったとき、隣のひじ掛けは使わない。私が平素《へいそ》、心がけている「与えられた枠を使いきらない」の一例です。

枠を控え目に使うということは、相手の余裕を考えてあげることにつながります。相手の余裕を考えてあげることによって、自分の心の余裕をつくることになります。

12日 志《こころざし》の土台

人は誰でも夢や希望や願いを持っています。ところが、その思いは年月の経過とともに薄らいでいきます。

その際、自分の土台をどのように受け止めるかで大きく違ってきます。「薄氷《はくひよう》」と受け止めれば、その下には絶望しかありません。

逆に「コンクリート」と受け止めれば、勇気が湧《わ》いてきます。

受け止め方次第です。

13日 感化

「どんなに素晴らしい教えでも、相手が心を開かなければ伝わらない」と教育学者の森信三《のぶぞう》先生の言葉にあります。

聞く耳を持たない生徒に、どんないい話をしても、理解してもらえないばかりか、反発を買うだけです。

教育の原点は、生徒の心を開き、もっと「聞きたい」「学びたい」という気持ちを起こさせることです。

つまり「教化」ではなく「感化」。

14日 人身事故

このところ、鉄道路線での人身事故が多発しています。人身事故によって、電車が不通や遅延《ちえん》になることも珍しくありません。

この原因はひとえに、人の心や社会の荒《すさ》みを反映しているものと確信します。未来に希望を持てない人が急増してきた結果です。

こういうときこそ、経済優先より人間優先の社会創りが求められます。

15日

複写ハガキ

　複写ハガキの効用はたくさんあります。ここでは二つだけ紹介します。

　一つは、ハガキを書くと、記憶力が向上します。書くことによって、相手の名前や漢字をよく覚えるようになります。

　二つめは、自分の思いや考えを短くまとめる能力が身につきます。かぎられた行数のなかで、用件を伝えなければならないからです。私にとっての複写ハガキは、脳の活性化に役立っています。

16日 ありがたい

「ありがとう」は平素、誰もが口にする感謝の言葉です。

この感謝は、いわば「体外語」ともいうべき表面的な言葉。

一方、「ありがたい」は言葉では言い表せないくらいの感謝の気持ちです。いわば内に秘めたる「体内語」。

私は、この「ありがたい」という気持ちを大切にしながら、これまで多くの方々と縁をつないできました。

17日 あてにしない

人にお願いして、腹立たしい気持ちになることがあるのは、「頼り」にして、「あて」にするからです。

そこで、私がお願いするときに心がけているのは、「頼り」にしても「あて」にしないということです。

そのうえで、「あなたがよければ」「あなたもよければ」「あなたさえよければ」という気持ちでお願いしています。

相手の自主性を尊重したいからです。

18日 覚悟

私がこれまで掃除を続けてこられたのは、覚悟を決めたからです。

「掃除以外に、自分が歩める道はない」と覚悟して決断したときから、迷いがなくなりました。同時に、続けることが苦痛でなくなりました。

もともと人間の心はガラスのように脆《もろ》く、壊れやすいものです。その心を強くするためには、覚悟を決めることです。

覚悟すると、誰でも強くなれます。

19日 気づき

その昔、気づきがない人は生きていけない生活環境でした。生活そのものが、自分の裁量《さいりょう》にかかっていたからです。

ところが現代は、気づきのない人でも生活できるようになりました。ほとんどのことを電化製品や機械がやってくれるようになったからです。

それでも、気づきのない人は周囲に迷惑をかけます。そのためにも気づきを与えてくれる掃除の実践が欠かせません。

20日 仁愛が本

戦国武将の小早川隆景《こばやかわたかかげ》が、次のような言葉を残しています。

「万事を決断するに、仁愛を本《もと》として分《ふん》別《べつ》すれば、万一、当たらざることありといえども遠からず」

小早川隆景が危機に際して下した判断に、ほとんど誤りはなかったといわれています。

この言葉は、黒田長政《くろだながまさ》からその判断の拠《よ》り所を問われて答えたものです。

21日 励ます

脳梗塞《のうこうそく》を発症して以来、思うように回復していない体調が続いています。

そんな自分を励まそうと日々努力していますが、そう簡単に励ませるものではありません。たとえ人を励ますことはできても、自分で自分を励ますことはなかなかできないものです。

人を励ますだけのうちは半人前。自分で自分を励ますことができて、やっと一人前ではないかと思います。

22日 両親の掃除

八十五歳のいまでも、鮮明に覚えているのが両親の掃除です。私の両親はとにかくよく掃除をする人でした。

廊下など木の部分の掃除は、おからを袋に入れて磨いていました。おからからから油分が出るため、乾拭《からぶ》きして仕上げるとピカピカになるのです。

廊下でも柱でも、家中が黒光りしていました。頻繁《ひんぱん》に掃除するため、桟《さん》の部分は角が丸くなっていました。

23日 評価する

閉ざされた人の心を開くには、その人が持っている美点に焦点を当てることです。どんな人にも、その人だけが持っている美点があります。

その美点を大きく評価する。自分の美点を評価されていやな気分になる人はいません。

その際、注意しなければならないのは、誠実に評価することです。そうでなければ、むしろ反感を買うことになります。

24日 クレジットカード

よほどのことがないかぎり、私はクレジットカードを使用することはありません。理由は、決済までにある程度の月日を要するからです。その分、支払いを受けるほうは現金化が遅くなります。

それでは、せっかくお支払いした先方様に申し訳がありません。入金が遅れて喜ぶ人は誰もおりません。

どうせお支払いするのであれば、少しでも喜ばれるようにしたいのです。

25日 アメリカファースト

アメリカ・トランプ大統領のキャッチフレーズ。就任後、同様の言葉が日本でもよく聞かれるようになりました。

東京都・小池百合子都知事の「都民ファースト」や、千代田区・石川雅己区長の「区民ファースト」がその例です。

私がこの言葉に違和感を持つのは、いずれも裕福な国や都市だからです。そういう立場のリーダーが、声高《こわだか》に口にする言葉としてはいかがでしょうか。

26日 日本人の劣化

「いまの日本人は、政治と経済が悪い。教育が悪い。だから社会が悪くなった」とよく耳にします。

しかし、本《もと》を正せば、「日本人の劣化」が進んでいるからだと思います。これは、日本の学校から「道徳教育」を排除した文部科学省にも責任があります。

そのため、日本人の勤勉、誠実、忍耐といった美徳が失われつつあります。放置できない、由々《ゆゆ》しき問題です。

27日 反面教師

独立するまで勤めていた会社が、私の反面教師になりました。

その会社の社長はまともに働かず、社員だけに過酷な労働を課していました。会社の私物化も日常化しており、社長やその家族が会社のレジから平然とお金を持ち出す公私混同ぶりでした。

そんな会社に勤めていた私だったからこそ、独立を決意できたのだと思います。反面教師が、道を拓いてくれました。

28日 日本の将来

「余計なことはたとえ少しであってもしたくない」とか、「他人の煩《わずら》わしいことにはかかわりたくない」というような自己中心的人間が増えています。

こうした風潮の背景には、企業社会の考え方が大きく影響しています。

つまり、すべての評価が細部にわたって分類され、数値だけが判断基準になっているからです。これでは、日本の将来がよくなることはありません。

29日 学歴よりも人間力

まだ学歴も国力も低かった時代、あの日露戦争で日本は大国ロシアに大勝しました。一方、そのころよりは学歴も国力もかなり備わってきた近代、あの太平洋戦争で大敗しました。

学歴や国力だけではない人間力の差が原因です。つまり、日露戦争に比べ太平洋戦争では、現場に無知な頭でっかちのエリートが指導部を占めていたからです。人間力が、国の盛衰《せいすい》を左右します。

30日 心が折れる原因

「心が折れる」

現代人がよく口にする言葉です。

その原因には大きく分けて、次の二つが考えられます。

一つは、困難に遭遇したから。

一つは、やるべきことが見つからなくなったから。

この心境を切り替える方法としてお勧めしたいのが、下座《げざ》におりて、身の回りをきれいに掃除することです。

31日 格差社会

残念なことに、格差社会はますます広がっています。一度失敗したら、再起するのが難しい時代になっています。

しかし、そこであきらめたり、へこんだりしてはいけません。格差社会のすべてが悪いわけではないからです。

格差があるから、努力して挑戦していこうという人も現れてきます。

みんなが完全に平等だったら、がんばる人がいなくなります。

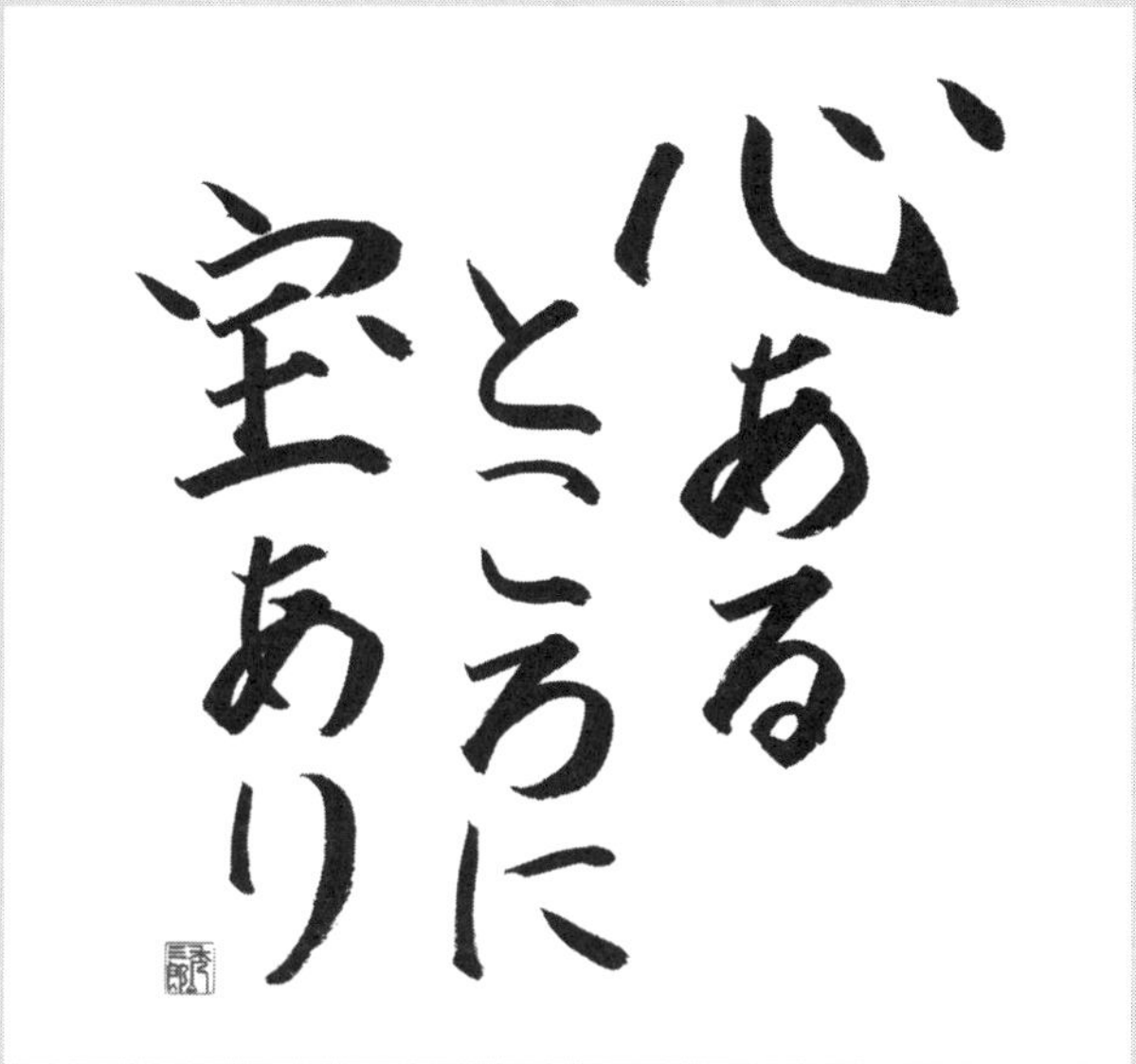

2月

手島郁郎《てしまいくろう》氏の名言です。おだやかで優しい心の持ち主は、ただそれだけで、何物にも代えがたい宝物を持っていることと同じです。

1日 立食パーティ

ホテルなどでの立食パーティはあまり好きではありません。乾杯の発声が終わった瞬間、先を争って食事をとりに行く光景が見るに堪《た》えないからです。

「せっかく来たからにはたくさん食べなければ損だ」という動物的な欲がむき出しになっています。しばらくすると、テーブルの上には食べ残しの皿や飲み残しのグラスが大量に置かれています。

目を背《そむ》けたくなります。

2日 米軍人との掃除

二〇〇九年から神奈川県大和《やまと》市の大和駅周辺街頭掃除を行なっています。この会の特徴は、地元米軍厚木《あつぎ》基地の軍人さんが大勢参加していることです。

基地に対する地元住民の賛否はさまざまですが、少なくとも掃除をすることに反対する人はいません。

平素は閉ざされた基地内で過ごしている若い軍人さんも、月一回の掃除ではイキイキと活動しています。

3日 教職者の姿勢

いじめ問題が発生したとき、学校側の対応は決まっています。「調べてみたが、そういう事実はありませんでした」。批判が高まると、「よく調べてみたところ、それらしきことがありました」。ひまるで判《はん》で押したような返答です。ひとえに、組織としての体面《たいめん》を保とうとしたり、責任逃れに終始しているからです。教職者として、あるまじき姿勢だと思います。

4日 耐え忍ぶ

生きていると必ず、理不尽なことや不合理なことに遭遇《そうぐう》します。

そのとき、逃げるか、耐え忍ぶか。ここが、人生の分かれ目です。

逃げると、どこまでも追いかけられます。耐え忍ぶと、たとえ目の前の状況は変わらなくても、自分自身が清め高められていく効果があります。

結果において、その分だけ、少しずつ、周囲の状況が好転していきます。

5日 「氣」

人は必ず、何らかの「氣」を発しています。

この「氣」は目には見えませんが、大きなエネルギーを秘めています。

できれば私も、悪い「氣」は発したくありません。逆に、人から悪い「氣」を受けたくありません。

たとえ私が悪い「氣」を受けたとしても、できるだけよい「氣」に変えて、人に伝えていきたいと努めています。

6日 現代人の病巣《びょうそう》

かつての日本人は、因果《いんが》関係に対して理屈なしに反応していました。

「こんなことをすれば、きっと悪い結果を招く」といったような因果応報の考え方を、生活体験を通して身に備えていました。

ところが、現代人は明確な結果を理路整然と教えてもらってからでなければ動けなくなっています。ここに、現代人の病巣が潜んでいます。

7日 受け入れる

会社の創業時、信用のなかった私は仕入れもままならない状況でした。

ところが、会社の発展に伴って、かつては拒否した仕入先が取引を願い出てくるようになりました。私はそんなとき、過去に一切触れず、喜んで受け入れるようにしてきました。

そうしているうちに、ますます逆風が追い風に変わったのです。受け入れたからこそ開けてきた世界です。

8日 鈍刀《どんとう》

詩人・坂村真民《しんみん》さんの詩に次のような一節があります。

「鈍刀をいくら磨いてもムダなことだというが、何もそんな言葉に耳を貸す必要はない。せっせと磨くのだ。刀は光らないかもしれないが、磨く本人が変わってくる」

目の前にあるものを磨き続けると、そんな世界が開けてきます。ムダなことは何もありません。

9日 入院

脳梗塞《のうこうそく》を患《わずら》って以来、何回か検査入院を余儀《よぎ》なくされています。

入院して放っておけないのが、共同の洗面所です。鏡にはしばしば、使用したあとの歯磨き粉が飛び散っています。

私はその汚れをきれいに拭き取り、洗面所全体の掃除から始めます。また、使用済みの手拭き用ペーパータオルも、できるだけ体積を小さくして廃棄しています。どうしても気になるからです。

10日 ゆとり

ゆとりがないと、心の落ち着きがなくなります。いつも何かに追われているような気持ちになります。

ゆとりのない精神状態では、正しい判断ができません。また、突発的な問題に対しても冷静に対応できません。

結果、何もかもが悪いほうへ向かうようになります。ゆとりを持つためには、人に親切にすることです。そうすると自然とゆとりが身につくようになります。

11日 「得」よりも「徳」

近年、経済格差が大きな社会問題として注目を浴びています。

それでも、もともと日本人が身につけていた美徳の崩壊に比べれば、まだまだ小さな問題だと思います。

とくに昨今、「益《えき》がなければ意味がない」の言葉に代表される浅ましい価値観には憂《うれ》うべきものがあります。

少し損するくらいの生き方が求められる時代になってきました。

12日 両親の教え

「人がいるなかで奇声や大声をあげない」「履物はきちんと揃える」「畳の縁《ふち》や敷居《しきい》を踏んではいけない」「敷いてある布団《ふとん》の上を歩いてはならない」

いずれも幼いころ、両親から口酸《くちす》っぱく言われたことです。この教えが根底にあり、人に迷惑をかけない生き方が身につくようになりました。

両親の教えは、いまも私の心に脈々と生き続けています。

13日 気が咎《とが》める

人は何かをしたことによって気が咎めるときと、反対に何かをしなかったことによって気が咎めるときがあります。

この感性は、人間が本来持っている貴重な感性の一つです。ところが近年、この感性に鈍感な人が増えています。

たとえ気が咎めたとしても、見て見ぬふりをしている人も多くいます。この「気が咎める」感性の低下が、人間関係を希薄なものにしています。

14日 資金の投入

株価が高値になりさえすれば、日本経済がよくなるというほど単純なものではありません。

ましてや、政府が公共事業に投資して一時的に経済を支えても、効果はさほど期待できません。

いずれも、目先の対症療法にすぎないからです。むしろ資金は、五年後、十年後に効果が期待できるような事業にこそ投入されるべきです。

15日

結果

現代人の傾向として、はっきりとした効果を確認できてからでなければ動こうとしない人が多くなりました。

始める前に「こうすればこうなる」という保証を求めてからでないと取りかかれない人もいます。

結果が確約されているのならば、誰でもできることです。何事にもリスクはつきもの。大切なことほど、やってみなければ、誰にもわかりません。

16日 挨拶運動

校門の前で、先生や保護者が挨拶運動をしている光景をよく目にします。

善《よ》かれと思っての挨拶でも、子どもたちには迷惑なのかもしれません。一方的に挨拶されても、対応に困るからです。

そんなとき心がけるべきは、待ち構えて挨拶をするよりも、ほうき・ちり取りを持って掃除しながら挨拶を交わすこと。そうすれば、素直な挨拶が返ってくるはずです。

17日 心の乱れ

人は案外、小さなことで心を乱します。たとえば、自分の足を踏まれたり、人から中傷《ちゅうしょう》されたりしたとき。

このように、小さなことで乱れやすい心をいつも平穏に保つためには、小さなトラブルに遭《あ》わないよう、丁寧な生き方を心がける以外にありません。

逆に、大きなことで心が乱れることは滅多にありません。むしろ、やりがいになります。

18日 糠《ぬか》に釘《くぎ》

私がたった一人で会社の掃除を始めたとき、周囲の視線はかなり冷たいものでした。誰一人として手伝おうとしないばかりか、煙《けむ》たがれ、無視されました。

周囲からは「あいつは掃除しかできない」と見られていたように思います。そのたびに心を痛めていました。

まさに、最初は糠に釘を打つような屈《くっ》辱《じょく》の毎日。それでも続けていたら、周囲が変わってきたのです。

19日 指導者の姿勢

昔からいわれていることわざに「上、三年にして下を知り、下、三日にして上を知る」があります。

人を指導するときの戒《いまし》めを説いた名言です。人を教え導くとき、無神経に上から目線で指導しても、けっして伝わるものではありません。

指導者がその人のところまでおりていって、教え導く。その人の視線に堪《た》えられる人格の問題です。

20日 冒険

マスコミ等でよく話題になる冒険について、私の意見は次のとおりです。

まず、その冒険の社会的な意義が問題です。動機が、単なる自己顕示欲にすぎないのであれば、意味がありません。

スポンサーを募《つの》って、周囲の人たちに補佐してもらい、何かあったら公的機関に救援を要請する。

その時点で、冒険の持つ純粋な意義を失っています。

21日 たがが外れる

「緊張や束縛《そくばく》がとれ、締まりのない状態」。この状態を指して、「たがが外れる」と表現します。

「たが」とは漢字で「箍」と書き、桶《おけ》や樽《たる》の外側を締めている輪のことです。当然、「たが」があるから形を留《とど》めています。「たが」が外れるとばらばらになり、形状を維持することができません。

いまの日本はまさにたがが外れた状態。たがを締め直す時期にきています。

22日 会社の業績

毎年、世間的に名の通った会社の業績が、マスコミ等で話題になります。

業績が前年比二ケタ伸びたとか、過去最高の収益を上げたとか。

たしかに高い収益性も大事なことですが、その会社で働いている人の、深い人間性と広い社会性は、それと同じくらい評価されなければならないことです。

業績だけが評価基準になると、砂を嚙《か》むような社会になります。

23日 不便

便利になるのはよいことです。では、不便はすべて悪いことかというと、そうとは言えません。

不便を不便のままにせず、自分でどうにかよくしようとする人にとっては、不便が成長の種になります。

便利な生活に慣れ親しんできた私たち現代人にとっては、不便もまた貴重な学びの場。不便だからこそ、考え、工夫改善するのが人間だからです。

24日 名刺交換

名刺交換の際、後ろに多くの人が並んでいるのにもかかわらず、時間を独占して無神経に話を続ける人がいます。

順序よく並んでいる人のことが気になると、私は居ても立ってもいられない気持ちになります。

あまりにもひどい場合、「後ろに皆さんが並んでおられますから」と言って、話を遮《さえぎ》らせていただくことがあります。

思いやりに欠ける行為だからです。

25日 掃除の真髄《しんずい》

茶道の真髄を説いた言葉として、「茶の湯とはただ湯を沸かし、茶を点《た》てて飲むばかりなる。本《もと》を知るべし」があることを教えられました。

そのとき、掃除もまったく同じことだなあと感じたのを覚えています。

掃除も茶の湯同様、本を正せば単純な作業です。その掃除に、意義や技法の理屈が先行するようになると、実践がおろそかになります。

26日 ムダ遣い

私たち夫婦の交通手段は、基本的にバスと電車です。タクシーを利用することは滅多にありません。

自分たちの足で動けるうちは、できるだけ公共の交通機関を利用して、ムダ遣いをしないように心がけています。

ムダ遣いをしないのは、お金が惜しいからではありません。自分が楽をするためだけに浪費したくないのです。その分を少しでも公《おおやけ》のために使いたいからです。

27日 教師塾

いまや家庭教育に期待するのは難しくなってきました。戦後、日教組教育を受けてきた親世代を正すのは不可能に近いと思うからです。

そこで、一縷《いちる》の望みがあるのは、目の前の子どもたちを正しく導く方法です。そのためには学校教育、とくに先生方の資質が大事になってきます。

その先生方が学び合う場として、私は教師塾を応援しています。

28日 紙一枚分の努力

たとえば、五百枚重ねてある紙を毎日一枚ずつめくって、その横に積み上げていったとします。

一～十枚くらいまでは、見た目に積み上がった高さより減ったほうがわかりません。しかし、さらに続けていくと、はっきりとその差がわかるようになります。

このように、たとえ一日の努力はわずかでも、続けることで、紙一枚分の努力が大きな差になります。

29日 二代目の心構え

「二代目はいいなあ」と、周囲の人から思われるようではおしまいです。

「二代目は大変だなあ。何もそこまで働かなくてもいいのに」と、同情されるくらいでなければ務まりません。

つまり、周りの人から気の毒に思われるくらいの努力をすることです。

同じことでも、創業者には許されても、二代目には許されないことがあるからです。

したたかな人間にならない

3月

人間は何歳になっても、純情な心の人でありたいものです。そのためには、小さなことにも心ときめかせながら経験していくことが大切。したたかな人間だけにはならないことです。

1日 掃除の輪

掃除の功徳《くどく》については、約二千五百年前、お釈迦《しゃか》様が説いておられます。

以後現代まで、「掃除が大事だ」ということを言ってきた人はたくさんいました。けれども、世の中に広まることはありませんでした。

その掃除の実践がいま、日本国内をはじめ、ブラジル・中国・アメリカ・台湾・ルーマニア・イタリアにまで広まっています。

2日 信念

信念を貫くのは、生半可《なまはんか》な覚悟でできることではありません。

自分に信念があっても、周囲に左右されることもあります。また、信念と真《ま》逆《ぎゃく》の方向に向かわざるを得ない場合もあります。それでも、自分の信念は絶やすべきではありません。

ましてや、立場によって信念を変えるなどということは、断じてやってはならないことです。

3日 世論

くれぐれも、世論に振り回されてはなりません。世論くらい無責任なものはありません。ほとんどの世論は、個人の単なる好き嫌いや損得が原点になっているからです。

そんな世論に一喜一憂することはありません。孤立を恐れず、世論に振り回されないことです。そのためにも、ブレない自分の判断基準を確立しておかなければなりません。

4日 真の喜び

かつての日本人は、人や社会のために犠牲を払うことを大きな喜びとし、それを誇りに感じる国民でした。

ところが昨今、富や名声だけが過度にもてはやされ、そのことだけを目標にして生きる人が多くなりました。

真の喜びは、人を喜ばせたときに感じるものです。たとえ地位や名誉や富を手に入れたとしても、ただそれだけで真の喜びを味わうことはできません。

5日

野党の使命

国会という神聖な場で、政府を誹謗《ひぼう》中傷することだけが野党の使命ではありません。野にある政党といえども、議席を得ているかぎりは、国益に沿った活動をしてもらいたいものです。

もし、その任に堪《た》えないのであれば、せめて邪魔にならない政党であっていただきたい。

坂本龍馬も、「よき回答を得たければ、よき質問をせよ」と言っています。

6日

ストレス

近年とくに、ストレスで心を患《わずら》う人が多くなってきました。

過度な成果主義、複雑な人間関係、将来に対する不安感等が主な原因です。

しかし、この原因は必ずしも個人だけのせいではありません。会社や社会の制度や仕組みが大きく影響しています。

この制度や仕組みを改めないかぎり、心の病《やまい》が解消されることはありません。指導者の決断が求められています。

7日 一念

会社の創業時、業界には悪しき慣習がたくさんありました。そのよくない慣習を、私は一つひとつ変えてきました。店舗内外の環境整備や、手形決済から現金決済への移行などはほんの一例です。

これらの改革を私があきらめなかったのは、自分たちだけがよくなろうなどと思わなかったからです。業界全体の悪弊《あくへい》を改善したい。この一念が、私の行動の火を燃やし続けました。

8日 国難

現在の日本は、かつての元寇《げんこう》や太平洋戦争のときに匹敵《ひってき》する国難を迎えていると言えるかもしれません。

ただし、私がここで言う国難とは、外敵がもたらす国難ではありません。国民の良識そのものが崩れて、内部崩壊しかねないという国難です。

やっかいなのは外敵よりも内部崩壊。この国難に、ほとんどの国民が気づいていないことにも憂慮《ゆうりよ》しています。

9日 防潮堤《ぼうちょうてい》

生態学者であり森づくりの権威である宮脇昭さんが、「いのちを守る森の防潮堤」づくりを提唱されています。

東日本大震災直後から調査を行ない、害のない瓦礫《がれき》の選別から始めています。

その瓦礫を海岸線に埋め、土手を築いて、その上に多種多様な広葉樹《こうようじゅ》の苗木《なえぎ》を植えるという画期的な計画です。

政府はこうした提案に対してこそ、即刻対応するべきです。

10日 見せかけの姿

学校も会社も、内情は見せかけの姿で成り立っているのが実態です。

まだ犯罪にまでは至っていないにしても、道義的な問題を抱えている学校や会社が少なくありません。

関係者はその実態にうすうす気づいていながら、「まあ仕方がないか」と軽視し、見過ごしているのが原因です。

この兆候を放置していると、大きな問題に発展する危険をはらんでいます。

11日 脳梗塞《のうこうそく》

脳梗塞を発症したのが私でよかったとつくづく思います。

もしこの病《やまい》が子どもや妻に起きていたとしたら、いまごろ私は堪《た》えがたい苦しみを味わっていたでしょう。

子どもや妻にかぎらず、誰かが受けていたかもしれない苦しみを、私が代わって引き受けたという思いです。この痛み・しびれ・息苦しさに堪えるのが、私に課せられた使命と受け止めています。

12日 中国人のトイレ掃除

経済的な豊かさを手にした富裕層の中国の方が私を訪ねてきました。

たしかに、ある程度の富は得たけれども、心を病む中国人が多くなったという話をうかがいました。

その中国の方曰《いわ》く、「心の病に冒されている中国人を救うためにも、トイレ掃除が一番」ということでした。

トイレの便器を磨きながら、涙ぐんでおられた光景が心に響きました。

13日 誇るべき国民性

私たちの祖先は、お米からお酒をつくり出すように、また、大豆《だいず》から味噌《みそ》・醤油《しょうゆ》をつくるように、数千年の歴史をかけて世界から称賛される民族性を育《はぐく》んできました。

ところがここ五十年、とくにこの三十年で、その誇るべき国民性が崩れ去ろうとしています。しかし、いまならかつての日本に戻すことができます。気づいた私たちが、その責任を負っています。

14日 グローバル基準

一九九〇年ごろから約三十年間で、日本人が有していた高い精神性が目に見えて失われてきました。原因は、アメリカ発のグローバル基準を採用するようになったからだと思います。

もともと、人や会社を一元的な数値だけで評価するのには無理があります。これは日本人らしさの否定に他なりません。

いまこそ、日本人の美徳である高い精神性を取り戻すときです。

15日 リーダー

　リーダーの第一条件は、「責任のとれる人」です。起きた問題に対して「想定外」などと言って責任逃れするような人は、リーダーになってはいけません。

　そのためにも、リーダーになる人は、「公」が主であって、「私」がかぎりなく小さい人でなければなりません。

　どんなに能力があっても、「私」を優先させたとき、その人はリーダーとして失格です。

16日 注意

たとえば、電車内で声高《こわだか》に電話をしている人や化粧をしている若い女性がいた場合、面と向かって注意すべきか。

私の率直な意見は「ノー」です。言葉で注意しても直りそうにない人は、いったんその場に放置すべきでしょう。

そんな人に直接注意するよりも、そういう人がいなくなるような社会に変えていく努力のほうが、優先すべき大事なことだと思うからです。

17日 助け合う

人間は助け合って生きる動物です。

それは人間だけにかぎったことではありません。獣《けもの》だって群れをなして助け合って生きています。植物だって、共生して林や森をつくっています。

つまり、生き物は、お互いに協力しながら生きていくようにできています。

そんな生きものの一つである私たち人間も、人や自然との関係を断ち切って、幸せになれるはずがありません。

18日 食事後

食事後、容器をできるだけきれいにして返すようにしています。

自分で食べたあとの容器でさえも、食べ残しがあると気持ちのよいものではありません。

ましてや他人のものとなると、なおさらのことです。

できるだけ気持ちよく片づけて洗っていただくために、私はいつもきれいにして返却するようにしています。

19日 即答

さまざまな質問や相談に私が即答できるようになったのは、これまでの体験と書き続けてきた複写ハガキが力になったからです。とくに、ハガキはかぎられた行数に、自分の考えや要件を書く作業。曖昧《あいまい》な考えでは文章にはできません。

私はこのハガキを書く過程で、考えをまとめる訓練ができました。しかも、人からの借り物ではない、自分自身の判断基準を持てるようになりました。

20日 道徳教育

過去、否定されてきた道徳教育が、最近になって論議されるようになりました。道徳の大切さを主張する私としては大歓迎です。

かつての日本人が学んできたように、神話や伝説や民話を通して日本人の精神や民族性を学んでもらいたいからです。

道徳教育の導入によって、世界から称賛された日本人の勤勉・誠実・忍耐をいま一度取り戻さなければなりません。

21日 欲望

「欲望を持つ」

そのこと自体が悪いことではありません。欲望を持ったからこそ、私たち人間はかくなる発展を遂げてきました。

問題は、その欲望が自分だけに集中していることです。そうではなく、周囲に配慮したうえでの欲望であれば、おおいに持つべきです。

人間はもともと、欲望がなければ生きていくことはできません。

22日 安い値段

安ければいい、というものでもないと思います。

商品には必ず生産者がいます。買うときに一瞬でも、生産者の立場に立って考える思いやりが大切な姿勢ではないでしょうか。

「いくらなんでも、この値段は安すぎないか」とか、「こんな値段では誰かが泣いているに違いない」という感覚を常に持ちたいものです。

23日 逆風

何か新しいよいことを始めようとすると、必ず抵抗されたり反対されたりするのが世の常です。

そんな風当たりにムダなエネルギーを浪費しないためにも、最初はおよそ目標と関係がないと思われるところから手をつけることです。

そうすれば、余計な逆風に遭《あ》わず、波風立てずに、点を線に、線を面に変えることができます。

24日 時間のつくり方

時間は誰にも平等に与えられています。かぎられた時間のなかで、いかに内容のある生き方をするか。そのためにも、時間のつくり方が必要になってきます。

私は慌《あわ》てることが嫌いです。慌てないために、次の二つを心がけています。一つは、気づく人になること。もう一つは、目の前で起きた問題を早め早めに処理すること。この二つを実践するだけで、時間をつくることができます。

25日 経営の師

裸一貫で会社を創業した私に、経営の師と呼ぶべき人はいませんでした。自らの努力で試行錯誤しながら、徒手空拳《としゅくうけん》で会社経営に取り組んできました。

経営の手法を教えてくれた人はいませんが、経営判断の基準となる考え方を教わった人はいます。

それは、両親や歴史上の人物です。同時代の経営者はむしろ、私の反面教師になっていました。

26日 大きなこと

現代人は、大きなことや自分の利益につながることには取り組んでも、小さなことや損をすることには関心を示さない風潮があります。

その点、昔の日本人は善悪ともに、小さなことが積もり積もって大きな結果につながることをわきまえていました。

現代は、うまくいかない企業ほど、大きなことばかりに目を向けて小さなことをおろそかにしている気がします。

27日 学校の破綻《はたん》

同じ指導がなされているにもかかわらず、挨拶のできる学校とできていない多くの学校があります。

その違いは生徒の資質ではありません。すべて、指導する先生の差です。

これを経済の世界にたとえるならば、経営破綻寸前の学校が日本にはたくさんあるということになります。

管轄する文部科学省や教育委員会はいったい何をしているのでしょうか。

28日 政治家の支援

私はこれまで、数人の志《こころざし》ある政治家を支援してきました。

その際、候補者が苦戦しているときはとくにお手伝いして、当選したら距離を置くようにしてきました。

当選した時点で、支援という自分の役割がひとまず終了したと決めていたからです。

ところが、利権を求めている人は、当選すると近づいていきます。

29日 靖國神社の掃除

二〇一四年三月二十九日、初めて靖國神社のトイレを掃除して以来、毎年定期的に行なっています。

靖國神社には、かつて日本国を守るために尊《とうと》い命を捧《ささ》げられた方々の御霊《みたま》が眠っています。

そんな先人が神霊《しんれい》として宿《やど》る神社にお参りし、掃除をさせていただくことによって、感謝の気持ちをお伝えしたい。

毎回、心を込めて掃除しています。

30日 関係人口

全国各地で、過疎化が社会問題になっています。高齢化が進み、若者の人口が激減しています。

しかし、そういう地域でも、守るべき産物が必ずあります。その産物を活かすことで、過疎化に歯止めをかけることができるはずです。

たとえ、その地域の住民は減っても、購入者を広く増やすことで、地域にかかわる人口を増やすことができます。

31日 ままならない心

詩人で画家の星野富弘さんが、「忘れられない愚かな私」という詩の一節で、次のように書いています。

「忘れたくないことは忘れるのに、忘れたいのに忘れられないことがある」

まことに人間の心はままならないものです。

このままならない心を自分で律することができるようになれば、人生が変わります。

いいことに手を使う

4月

人間の手と頭は連動しています。手がいいことをすれば、必ず頭がいいことを考えるようになっています。いいことに手を使い、いいことを考える人が「頭のいい人」だと思います。

1日 初めての就職

初めて就職する人に、私が助言するのは次の二つです。

①できるだけ花形企業を避ける
②できれば小さな会社を選ぶ

①については、歴史が証明しています。以前、花形企業だった会社が、ことごとく斜陽産業になっています。②については、私の体験からです。会社が小規模だと、あらゆる仕事をしなければなりません。その分だけ鍛えられます。

2日 おもてなし

東京オリンピック・パラリンピックに向けて、「おもてなし」を口で唱える人は大勢います。しかし、ゴミ一つ拾い、草一本抜くような人は見当たりません。

真の「おもてなし」とは、まず街をきれいにして、外国からのお客様を気持ちよくお迎えすることです。

私たちは二〇一六年四月から毎月一回、羽田空港から都心へ向かう道路沿いを掃除しています。

3日 三年先の稽古

相撲の世界には「三年先の稽古」という教えがあるそうです。

すぐには結果に結びつかない、地味な「しこ」や「てっぽう」をおろそかにしてはいけない。稽古の基本であるこの二つが、相撲を強くするという意味です。

人間関係でも仕事でも、信頼や結果はそんなに簡単に得られるものではありません。時間をかけて取り組まなければ、本物にはなりません。

4日 死生観

脳梗塞《のうこうそく》を患《わずら》って以来、死を身近に感じるようになりました。だからといって、長生きしたいわけではありません。

できれば、もう少し自分の意思で動けるような身体に戻してから、死を迎えられればと願っています。

現在の不自由な身体のままでは、家族をはじめ周囲の方々に迷惑をかけることになります。それではあまりにも情けない気持ちです。

4月

5日 三浦梅園《ばいえん》の教え

「華《はな》を識《し》らんと欲すれば、先《ま》ず華譜《かふ》を繙《ひもと》かんよりは、急ぎ華圃《かほ》に趨《はし》れ」

この言葉は、私が私淑《ししゅく》してきた三浦梅園の教えです。

「花のことを知りたいと思ったら、図鑑を見て調べるより先に、花畑に足を運べ」という意。

現場に問題解決策がいっぱいあるという意味でしょうか。身体を使って行動する大切さを説いた言葉です。

6日 仕入れ

「利は元《もと》（仕入れ）にあり」。商売をするうえで、基本となる貴重な教えです。

まとめ買いをすると安くなるという理由で、必要以上に仕入れる人がいます。しかし、いくら安くても売れ残れば、せっかくの利益もなくなります。

物流が発達した現代は、とくに仕入れの工夫が必要です。原則として、売れる分だけ仕入れる。このことに注意するだけで大きな経営効果が得られます。

7日 不満

不満のない人はいません。私もこれまで、多くの不満を抱えながら生きてきました。それでも私が不満を不満だけで終わらせなかったのは、不満をそのままにしてこなかったからです。

不満を工夫改善につなげることで、私は成長の糧《かて》にしてきました。

よくないのは、不満を態度に表して不満のまま抱え込み、悪い氣を周囲の人に伝播《でんぱ》させることです。

8日 匠《たくみ》の技

大量生産と大量販売の進化に伴って、日本古来の匠の技が忘れ去られようとする現状を憂《うれ》えています。

日本民族が長年築きあげてきた匠の技も、発揮する機会がなくなると廃《すた》れていきます。そうなっては取り返しのつかない、国家の損失になります。

たとえわずかでも、そういう人たちの生業《なりわい》が立ち行くような環境を提供していくのが、私たちの務めです。

9日 成果主義

社会の不祥事は政界や経済界だけではありません。スポーツ界でも同じような現象が起きています。

こうした問題の根っこは、いずれも共通しています。それは、努力の過程よりも、結果だけを評価する成果主義に偏《へん》重《ちょう》しすぎていることです。

結果を出す人だけが優遇されて、甘やかされている風潮。ここに、成果主義の怖さが潜《ひそ》んでいます。

10日 掃除一筋

人生八十五年、「掃除一筋に生きてきてよかった」とつくづく思います。後悔していることは何もありません。

掃除をしてきたことによって、時間や身体や人生をムダにしたなどとはまったく思いません。「やってきてよかった」と実感することばかりです。

むしろ、「もし、掃除をしてこなかったとしたら……」と考えると、不安になるくらいです。

11日 心と身体と頭

人間が幸せに生きていくためには、心・身体・頭のバランスが欠かせません。このバランスが崩れたとき、さまざまな支障をきたすようになります。

そこで考えなければならないのが、次のようなバランスです。

心を遣うときは、身体を使う。身体を使うときは、頭を遣う。そして、頭を遣うときに、心を遣う。このサイクルが、調和のとれた生き方を実現します。

12日 道徳

道徳はもともと「手間と時間がかかり」「面倒くさい」教育です。そのうえ、結果が見えにくい学問です。

それだけに、教科書を配布するだけで、こと足りる学問ではありません。

先生自らが時間と身体を使って、実践を通して、教え導かなければならない根気のいる学問です。先生自身がそんな取り組みをさりげなく実践できるようになったとき、道徳教育が定着します。

13日 好き嫌い

凡人の私たちに、人の好き嫌いがあるのはやむを得ないことです。

問題は、その好き嫌いを、どのように表現するかということです。

「私はあなたが嫌いです」と直接正直に言えばいいというものでもありません。

私はそんなとき、自分から遠ざかるほうを選んできました。

相手に嫌な思いをさせても、いいことは何もないと思うからです。

14日 お金

お金はないと困ります。生きていくうえで、なくてはならない大事なものです。大事なものですが、ただ儲ければいいというものでもありません。

当然、儲け方のルールがあります。儲ける以上に難しいのが、お金の使い方です。お金の使い方にその人の人格が表れるからです。

お金を稼ぐにしても使うにしても、根底には美学と美意識が求められます。

15日 「五省《ごせい》」

海軍兵学校の「五省」を紹介します。

①至誠《しせい》に悖《もと》るなかりしか
②言行《げんこう》に恥づるなかりしか
③気力に缺《か》くるなかりしか
④努力に憾《うら》みなかりしか
⑤不精《ぶしよう》に亘《わた》るなかりしか

軍国主義とは関係なく、日本のこうしたよい伝統を活かしていけば、人の感性や節度も保たれ、社会の秩序も安定することと思います。

16日 荒れた校風

校風に関していえば、昨日まで健全で、今日になって突然荒れた校風になったというような学校はありません。

荒れる前に、そうなる予兆がかならずあったはずです。

たとえば、シャツがズボンからはみ出している生徒や、靴《くつ》のかかとを踏みつけて歩いている生徒の存在。

本来、その時点でしかるべき指導をしておけば、荒れた校風にはなりません。

17日 座右の書

私の趣味は唯一、読書です。読書を通じて、迷わない判断基準を身につけるようになれたのが次の著書です。

『マテオ・ファルコネ』（プロスペル・メリメ）
『［新装版］青年の思索のために』（下村湖人《こじん》）
『滝口入道』（高山樗牛《ちょぎゅう》）
『オルテガ』（色摩力夫《しかまりきお》）
『日暮硯《ひぐらしすずり》』（西尾実・林博〈校註〉）
『禅海一瀾《ぜんかいいちらん》』（今北洪川《いまきたこうせん》）

18日 食べ残さない

レストラン等で出された食事を、食べ残さないようにしています。

ところが、メニューで注文した料理の量が予想していたよりも多すぎる場合があります。

そんなときは、箸《はし》をつける前、食欲のありそうな同席者に手伝ってもらうようにしています。

だからといって、間違っても箸をつけた後にそうすることはありません。

19日 記憶力

人からよく、年齢の割には記憶力がいいほうだと言われます。しかし、私自身、日常生活でとくべつ記憶力のよいほうだという自覚はありません。

その証拠に、自分の携帯番号も覚えていないくらいです。

記憶力は、頭の善し悪しや年齢とは関係ありません。むしろ、感動する気持ちがなくなったとき、人は記憶力が衰《おとろ》えるのではないでしょうか。

20日 勤《つとむる》を以て拙《せつ》を補う

能力だけがすべてではありません。行動力の伴わない能力は、むしろないほうがよいくらいです。

大切なのは「自分の持てる力を出しきる」ことです。そうすれば、人から必要とされる人間になれます。

中国の詩人・白居易《はくきょい》の詩の一節、「以勤補拙（勤《つとむる》を以て拙《せつ》を補う）」は、たとえ能力がなくても、努力によって補えることを説いています。

21日 過去への未練

脳梗塞《のうこうそく》を発症して以来、普通に生活できる日常がどんなに幸せなことだったのか実感しています。

以前の健康体が元通りにはならないことはわかっていながら、一抹《いちまつ》の未練が残っています。

その未練を少しでも払拭《ふっしょく》するため、自分にできる範囲で身体を動かすようにしています。身体を動かすと、前向きな気持ちになれます。

22日 認定NPO法人

「日本を美しくする会」が、認定NPO法人として登録されたのは二〇一〇年四月二十二日のことでした。

認定NPO法人は日本にまだ少なく、普通NPO法人のわずか〇・四%にしかすぎません。

そのなかで、当会は百三十五番目の認可団体になりました。私たちの活動と存在意義が、晴れて世の中に認められた証《あかし》と意を強くしています。

23日 底力

人間は不思議なもので、真の底力が身につくと自信が湧いてきます。

自信が身につくと、人に対して寛容になり、小さな喜びにも敏感になります。また、それに比例して、忍耐心が強くなります。よいことばかりです。

ひとえに、底力が包容力を育《はぐく》むからです。その底力を身につけるには、まず自らを磨くのが先決。

その実践として掃除が有効です。

24日 未投函のハガキ

不条理に対する憤《いきどお》りを忘れ去ろうとしても、そう簡単に忘れられるものではありません。

そんなとき、私はその憤りを複写ハガキに書いて、気持ちを落ち着かせていたことがありました。

しかし、私はそのハガキを投函したことはありません。書いただけで、その場で破棄していました。書いて心の整理をしていたのです。

25日 人間だけの特権

自分の意思で生きていけるのは、人間だけに与えられた特権です。他の動物は、与えられた条件のなかでしか生きていけません。

この特権をよいことに使うか、悪いことに使うかは、私たち人間の裁量にかかっています。

私はこの特権を活かすための鍛練として、永年、掃除を続けてきました。掃除が、私の道しるべになりました。

26日 貧乏

貧乏そのものが恥ずかしいのではありません。貧乏に負けることが恥ずかしいのです。

戦争で疎開していたとき、私たち一家の生活は貧困そのものでした。その日に食べるものにも四苦八苦していました。

でも、私はそれをみじめに感じたことはありません。必死に働いていた両親の姿が、貧しさを感じさせない大きな励みになっていました。

27日 私の好きな人

基本的に、私が人を選ぶことはありません。とはいっても、尊大で傲慢《ごうまん》な人だけは好きになれません。

反対に、好感の持てる人は、「人の痛みがわかる人」「持てる力を出し惜しみしない人」「一所懸命な人」です。

そういう人でありさえすれば、肩書や社会的な立場はもちろんのこと、老若《ろうにゃく》男女《なんにょ》一切関係ありません。

とくに「純粋な人」に惹《ひ》かれます。

28日 タオルの使命

顔や手拭き用タオルが古くなると、机やテーブル用の雑巾《ぞうきん》として使用します。

雑巾としての使命が終わると、比較的きれいなほうを洗車用、そうでないほうをトイレ掃除用として使用します。

いよいよタオルとしての体《てい》をなさなくなると、最後に回されるのが、店舗で使う油汚れ用のウエスとしてです。

タオルの持っている使命を活かし尽くす。物の命を大切にしています。

29日 統率力

統率力を身につけようとしても、簡単に身につくものではありません。

大樹《たいじゅ》が長い年月をかけて、地中の水分や養分で育つように、一朝《いっちょう》一夕《いっせき》に身につくものではありません。

眼前の問題から逃げない。手間のかかる事柄を自ら黙って引き受ける。統率力を身につけるには、そんなことから始める以外にないのです。すべては、その人の人間性向上にかかっています。

30日 誇り

会社経営における私の願いはただ一つ、「社員が誇りを持てるような会社」にすることでした。社員が誇りを持てない会社には共通点があります。それは、強者に弱く、弱者に強い態度をとる上司がいることです。

郵便を配達してくれる人、出前を持ってきてくれる人、商品を届けてくれる人。そんな立場の弱い人に、私が分け隔《へだ》てなく接してきたのはそのためです。

氣づく人になる

5月

できるだけ氣づく人になる。生きていくうえでもっとも大切なことだと思います。氣づかない人は、自分も周りの人も不幸にします。

1日 自修の言葉

西郷隆盛が晩年、自修の句にしていた言葉が次です。

「禍《わざわい》は己《おのれ》の欲を縦《ほしいまま》にするより大なるは莫《な》し。悪は人の非を言うより大なるは莫し」

「世の中の禍というものは、自分の欲望をどこまでも広げていったときに生じるものである。人の悪口を言うのが一番よくないことだ」という意味です。

私も自修の言葉にしています。

2日 便宜《べんぎ》主義

たとえば、掃除道具につけているかけ紐《ひも》一つでも、直径三ミリのクレモナロープですべて統一しています。

間違っても、あり合わせの綴《と》じ紐や針金や電気コードなどで代用するようなことはありません。

「紐くらい」で済ませてはいけない問題だからです。「とりあえずこれでいいか」という便宜主義が組織崩壊の元になります。

3日 憲法改正

戦後、久しく喧伝《けんでん》されてきた「自衛隊=戦争」という短絡的な考え方そのものが誤っています。

私も戦争を体験してきた世代です。空襲で家を焼かれ、疎開生活で悲惨な体験をしました。それだけに、戦争には反対です。反対だからこそ、戦争から日本を守るために、自衛隊を憲法に明記し、断固たる自主防衛の意思表明をするときだと確信します。

4日 篤志家《とくしか》

現代の日本に、かつてのような篤志家が少なくなったのは、高い税金が原因しています。

戦前の日本では、会社役員の賞与は無税でした。その分、事業で得た収入を、篤志家は社会に還元することができたのです。

ところが、いまの税制では寄付に対しても納税の義務が生じます。寄付をしたくても、できない人が多くなりました。

5日 桶《おけ》一杯の水

東京大空襲後、一家で疎開した先での生活は、田んぼとはいえない荒れ地を耕《たがや》すところからのスタートでした。

まだ十二歳だった私は、日照《ひで》りに苦しむ稲を救いたい一心で、川から山裾《すそ》の田んぼまで、何度も往復して水を運びました。干上《ひあ》がった田んぼに桶一杯の水を注いでも、効果は見えません。それでもやり続けました。こうした体験が、頑健な私の精神をつくってくれました。

6日 忍耐心

会社創業時、私が掃除を始めたころ、その意義を理解してくれる人は誰もいませんでした。

三年、五年と続けても、状況は同じ。十年を迎えたころ、やっと、一人、二人と理解者が現れるような状態でした。

しかし、そのおかげで、私に強い忍耐心が養われました。

この忍耐心が、その後五十八年間、掃除をやり続ける力となったのです。

7日 一遍には無理

何事も、一遍に変えようとしてもできるものではありません。一度だけではどうしても、さまざまな障害が生じます。

そこで、私が心がけてきた方法は、①弱いところから、②小さいことから、③遠いところから、始めることでした。

この方法ならば、誰でもすぐに取り組むことができます。できそうもないことで時間を浪費するよりも、できることから始めればいいのです。

8日 昔の人の知恵

人を喜ばせると、自分の心がおだやかになります。

昔の人はこうした生き方をとくに教えられなくても、生きる知恵として身につけていました。

現代と違って、昔は皆貧しい暮らしです。誰もがその日やっと食べていけるくらいの生活でした。

そういうときでも、自分より困っている人に分け与えていたのです。

9日 目先の利益

社会全体のグローバル化が進み、「目先の利益」が最優先されるようになりました。

「目先の利益」を得ようとすれば、まず目標を決めて、その目標を達成するのが至上課題になります。

目標を達成するためには、自分の意に反することでもやらざるを得ないときが出てきます。このサイクルが、世の中全体を悪くしています。

10日 笑顔

人からよく、私の笑顔をほめられます。しかし、私はもともと無愛想《ぶあいそう》で無口な人間です。人と接するのが得意ではありません。

ましてや、私が笑顔をつくるというのは、意識して努力しなければできないことなのです。

だからといって、そんな自分の性格を一切変えようとしないわがままな生き方だけはしたくありません。

11日 講演のマナー

私が講演の際心がけていたのは、次のようなことです。

①丁寧な言葉遣い
②自慢話をしない
③体験に基づいた話をする
④白板に書く字は楷書《かいしょ》で
⑤白板の字は消して終わる
⑥ことわざや名言の出典を明確に

いずれも単純なことばかりですが、後味のよい話を心がけてきました。

5月

12日 恥の文化

近隣諸国では、悲しいことが起きたとき、公衆の面前で泣き叫ぶ光景をしばしば目にします。一方、日本人は同じ悲しみに遭遇《そうぐう》しても、人前で泣き叫ぶようなことはしません。

日本人はもともと、「みっともない」という自制心を身につけているからです。「人に見られて恥ずかしいことはしない」。これは日本人共通の伝統的な美意識であり、誇るべき恥の文化です。

13日 第三者の立場

自力でコントロールできないのが、自分自身の気持ちです。

自分のこととなると、どうしても堂々巡りをすることになり、迷いの渦《うず》に呑み込まれてしまうものです。

そんなとき、私が自分自身に言い聞かせているのが、第三者の立場に立って自分を見るという方法です。

客観的に自分を観察することで、冷静な判断をすることができます。

14日 感化力

「人を感化する力は、自分が払った犠牲の質と量に比例する」

ドイツの哲学者ディルタイの至言です。自分が犠牲を払わず、人を感化しようとしても、できることではありません。自分の思い通りに人が動いてくれないのは当たり前のことです。

人を動かそうと考える前に、自分から先に動く。そうすれば、指示命令しなくても動いてくれるようになります。

15日

魔法の言葉

決意して取り組んだことでも、自分の気持ちや周囲の抵抗によって挫折《ざせつ》しそうになることがあります。

そんなとき、心の支えにしてきたのが、私の場合、両親の後ろ姿でした。疎開先で慣れない過酷《かこく》な農作業をしていた両親の姿がまぶたに焼きついています。

「両親を、少しでも楽にさせたい」

十二歳のとき固く心に誓った思いが、私にとって魔法の言葉になっています。

16日 凡事徹底

二〇一三年の夏、初出場ながら甲子園を見事に制した前橋育英高等学校の荒井直樹監督と対談しました。

荒井監督が練習よりも優先していたのは、部室やグラウンドの掃除、そして宿泊したホテル周辺のゴミ拾いだったそうです。まさに凡事徹底そのものでした。

凡事徹底が優勝をもたらしたのです。平凡なことをおろそかにする人が、大きな成果を招き寄せることはできません。

17日 迷惑

レストラン等で食事をするような場合、約束の時間より約十分前には退席するようにしています。

遅くなると、その分だけ、そこで働いている社員さんに迷惑をかけることになるからです。

とくに、混雑してお客様が待っているときなどは気が気でなりません。

困惑している社員さんの顔を見るのが辛《つら》いのです。

18日

モラルの向上

売上と利益のみを優先すると、やがてモラルの低下を招き、会社の存在理由すら失ってしまいます。

本来、売上や利益は会社のモラルを高め、企業評価を上げて初めて得られるものでなければなりません。

ところが、そのモラルを度外視して、目先の売上や利益だけに邁進《まいしん》する経営者がいます。そんな経営者は遠からず淘汰《とうた》されるでしょう。

19日

掃除コンテスト

千葉県市原市に知的障がい者を教育する学校があります。その学校ではかつて、かなりのいじめが横行していました。

ところが、掃除を始めて八年もしない間に、いじめがなくなっただけでなく、お互いが助け合うようになりました。

しかも、健常者を交えた掃除コンテストで、知的障がいのある生徒が優勝したのです。掃除で培《つちか》った思いやりを発揮し、評価されたのが勝因です。

20日 実践力

ハガキを書くのは、誰もが億劫《おっくう》なものです。しかし、私は書く気にならないときでも、とりあえず机の上に複写ハガキとボールペンを置くようにしています。

そして、最初の一行を書き始めると、次から次へとペンが進み、気がついたときは、いつものように何枚ものハガキを書いていたことがよくあります。

このような、一歩を踏み出す実践力を私に与えてくれたのが掃除です。

21日 川の掃除

道路のみならず、川の掃除までするのは、地球の生態系を破壊したくないからです。私たち人間が廃棄した人工的なゴミが川を流れ、海に辿《たど》り着くと、そのまま海底に堆積《たいせき》します。

堆積したゴミが自然に還《かえ》るには、数万年、いや数百万年かかるかもしれません。当然、海に生息する魚介類やプランクトンにも異変が生じるはずです。とても放置できる問題ではありません。

22日 心を遣う

心を遣うときは、身体を使うことです。いくら人を喜ばせようと心で思っていても、ただ思っているだけでは相手に伝わりません。

その思いを具体的な行動に移したとき、初めて相手に伝わります。その際、手と足と身体を使えば使うほど、相手を喜ばすことにつながります。

行動の伴わない思いは、相手の心に響くことがありません。

23日 社員教育

入社した社員に対して、私から退社を迫ったことはありません。

「君、そのような考え方や行動で、よその会社に行って通用すると思うかい？自分ではどう思う？」

ただひたすら、本人の向上を願って諭《さと》し続けてきました。いつかわかってくれるはずだと思いつつ、根気よく繰り返し努力してきました。本人が気づく以外に、よくなる方法はありません。

24日 学歴と資格

立派な学歴や資格を持っているからといって、人生が豊かになるものではありません。組織のなかで幸せになれるかどうかは、その人が素直な気持ちで謙虚に仕事と取り組むかどうかです。

学歴や資格だけに頼っているような人は、孤立して、周囲からの理解が得られません。

協力し合ってこその組織。すべて本人の努力と人間性にかかっています。

25日 お金の貸し借り

お金の貸し借りで、人間関係を悪くすることはよくある話です。

私もいままで、多くの人に、かなりの金額を貸して、返ってこなかった経験があります。

それでも、人間関係が泥沼化しなかったのは、「もう返ってこないお金」と覚悟して貸していたからです。貸した以上は、その人の人間性にすべてを委《ゆだ》ねてきました。

26日 覇気《はき》

かつては高い志《こころざし》と理想を掲げて活動していたにもかかわらず、野党に身を置いているうちに輝きを失ってしまった国会議員が何人もいます。

志の低い組織のなかで良心をねじ曲げ、抑え続けているうちに、自分を見失ってしまったのでしょう。人は良心に逆らうことをしていると、次第に覇気を失ってしまいます。覇気を失った政治家に国を任すことはできません。

27日 ゴミ置き場

ゴミ置き場を掃除するとき、わずかな量のゴミが大きなゴミ袋に入れてあるのを目にすることがあります。

私はそういうとき、できるだけ一つのゴミ袋にまとめます。ゴミを一つの袋にまとめて、出すゴミ袋の数を少なくするようにしています。

そのほうが、回収にきた人の労力を軽減できるからです。余ったゴミ袋は、洗って再利用します。

28日　自転車での営業

独立当初、自転車に商品を積んで営業しているとき、車で営業している前の会社の部下と遭遇《そうぐう》することがしばしばありました。

交差点で信号待ちしている私の横にその部下が車を止め、窓越しに見下すこともありました。そんなとき、一瞬、気まずくはなりましたが、けっして惨《みじ》めになったことはありません。私には確固たる信念と目標があったからです。

29日　困難

小さな困難に遭遇すると、悩みになります。ところが、大きな困難は知恵を生み出す原動力になります。

大きな困難は目に見えてわかりやすいだけに、問題の本質がはっきりするからではないかと思います。

逆に、小さな困難は気づきにくく、何に起因する問題かがわかりません。それだけに、解決策の見出せない悩みになるのではないかと思います。

30日 経営者の格

売上や会社の規模ばかりを声高《こわだか》に自慢する経営者がいます。そういう経営者が、自社で働く社員について熱く語る姿を見たことがありません。

高収益だけを追い求めているあまり、社風が荒《すさ》み、社員の人間性と精神性が劣ってくるからです。

社員を語れない経営者は、自己顕示欲だけが強い人。社員を語り、社員を誇りにできてこその経営者です。

31日 先約優先

私がこれまで信条にしてきた一つが、先約優先です。自分の都合や利害打算で、先約を変更したことはいままで一回もありません。

先約の後、どんなに有利な依頼が舞い込んでも、丁重にお断りしてきました。逆に、相手からキャンセルされた場合、いつでもお受けするようにしています。

依頼の内容で優先順位を変えるなど、やってはならないマナーです。

5月

小さな
ことを
おろそかに
しない

6月

できそうにない大きなことばかりを追いかけるよりも、目の前の小さなことを少しずつでも積み重ねていけば、とてつもなく大きな力になります。

1日 一流の人

人間を大きく分けると、次の三つに分類できます。

一流の人、二流の人、三流の人。

これら三人の特徴は次です。

一流の人……すぐやる人

二流の人……あとでやる人

三流の人……あとでやろうと思って放置している人

気づいたことは、その場で処理するのが一番。後回しにしないことです。

2日 ムッとしない

無神経な人や傲慢《ごうまん》な人に直面すると、誰でもムッとした気分になります。

そんなとき、そのまま反応すれば、相手と同じレベル。そうならないためにも、冷静な対応が必要です。

ここはまず一呼吸して、気持ちを切り替えるようにしましょう。そのうえで、できるだけ笑顔で接することです。

とくに相手が高慢《こうまん》な人であればあるほど、この対処法をお勧めします。

3日 仁愛なきリーダー

いまの日本、とくに政財界は、かつての輝きと力を失いつつあります。

その主な原因は、リーダーの判断基準から人間としての仁愛の精神が失われ、損得ばかりに囚《とら》われているせいではないかと憂慮《ゆうりょ》しています。

いまこそリーダーは下座におりて、率《そっ》先垂範《せんすいはん》から始めるべきです。仁愛は、己《おのれ》の行動でしか身につかないからです。

仁愛なきリーダーが国を滅ぼします。

4日 鬼のような人

会社を創業したころ、営業先で人間扱いされなかったのが何よりも屈辱でした。「世の中にほんとうの鬼はいないけれども、鬼のような人間はいっぱいいる」と実感させられる毎日でした。

そんなとき、「どんなに辛《つら》くても、苦しくても、私はこの人たちのようには絶対にならない」と心に誓いました。

鬼のような人との出会いから、私が学んだ生き方です。

5日 「から」「のに」「こそ」

境遇を、人のせいや世の中のせいにする人がたくさんいます。

それではいつまでたっても、人生が好転することはありません。

「こうだったから、こうなった」ではなく、「こうだったのに、こうなれた」というような生き方をしたいものです。

さらに、「こうだったからこそ、こうなれた」というような生き方ができたとき、後悔のない人生が待っています。

6日 求めない

求めると、人間は弱くなります。とくに、自分の働き以上の報酬を手にすると、落ち着きがなくなります。

落ち着きのない人は自信がありません。その分、さらに弱くなります。

働き以上の報酬は公《おおやけ》のものです。できれば、自分の働きに見合った報酬のなかで生きる工夫をしたいものです。

我欲を捨て、執着心を持たない。求めない心が、さらに幸運をもたらします。

7日 衆の文化

日本と欧米の文化には、根本的な違いがあります。すなわち、日本は「衆の文化」であり、欧米は「個の文化」。

「衆の文化」は、お互いに助け合っていくという考え方。一方、「個の文化」は、自分の立場を保つために、周りはすべて敵だという考え方です。

日本独特の「衆の文化」は、最近とくに海外からも注目されるようになり、世界中の人から評価されています。

8日 心配

心配のない経営者はいません。どんな経営者でも、多くの心配を抱えながら経営をしています。

むしろ、心配のない人は経営者として失格です。心配があるから懸命に工夫し、できるかぎりの対策を講じます。

現状に安心したら、努力も工夫もしなくなります。その結果、経営も危うくなります。心配する経営者がいるからこそ、会社が存在するのです。

9日 尊師孝親《そんしこうしん》

これは私の知人、㈱泰邦《たいほう》の陳暁麗《ちんぎょうれい》社長から贈られた中国のことわざです。

尊敬する人を持ちなさい。親には孝養を尽くしなさい。そうすれば、心豊かな人生を過ごすことができます。

そういう意味の言葉だそうです。

永い中国の歴史のなかで、風化することなく語り継がれてきた金言。この教えは、人が道を外さず生きていくための、変わらぬ真理ではないかと思います。

10日 身体を使う

身体を使うときこそ、頭を遣うべきです。掃除は単純な作業の一つです。しかし、単純だからといって、簡単にできるとはかぎりません。

むしろ、単純だからこそ、簡単にできないことが多くあります。

掃除を漫然と続けていても、進歩がありません。たとえわずかずつでも、工夫して改善するからこそ、ムダのない掃除をすることができます。

11日 登り方

私はこれまで、ある程度まで登りつめながら崖下に転落するような体験を何度もしてきました。

そのおかげで、弱い立場の人を慮《おもんぱか》る気持ちも生まれました。経営者は上に登る努力だけではなく、ときには下に降りる努力も必要です。

他人を押しのけ、踏み台にするような登り方は、膨張《ぼうちょう》はできても成長することはありません。

12日 痛苦《つうく》、骨を嚙《か》む

教育学者の森信三《のぶぞう》先生の教えに、次のような言葉があります。

「自分の犯した過失や失敗は文字どおり、『痛苦、骨を嚙む』といってよく、これこそ実に自己教育の中核をなすものといってよい」

私もこれまで多くの失敗によって、自分の骨を嚙むような痛みを感じたことが幾度もありました。その体験上、痛みこそが学びの源泉だと確信しています。

13日 成功のチャンス

人生にはさまざまな困難が待ち受けています。しかも、自分の意思ではどうにもならないことに遭遇《そうぐう》するのが人生です。私の場合、むしろそういうときがチャンスになりました。逃げられない境遇のなかで、死に物狂いになって深く考える場を与えられたからです。

不思議と、次から次へとよいアイデアが生まれました。自分以上の力が出るのはそういうときでした。

14日 幸運・不運

世の中にもともと不運な人はいなくても、不運だと思っている人は多くいます。一方、幸運だと思っている人でも、初めから幸運だった人はいません。

このように、幸運も不運も人が勝手に思い込んでいるものなのです。同じ体験をしても、運が悪かったと思う人もいれば、運がよかったと思う人もいます。

思考を前向きにすることが、幸運を引き込む力になります。

15日 いい政治

私が推奨《すいしょう》している本の一つに、下村湖《こ》人《じん》の『［新装版］青年の思索のために』（PHP研究所）があります。

その本のなかに「いい政治というのは、国民の要求を満たすことではない。いい要求を出す国民にすることがいい政治である」という一文があります。

そのためには、無私の心で活躍する人材を育てる教育が必要であるということではないでしょうか。

16日 おかげさまで

日本人は人との縁を大事にします。さほどお世話になっていなくても、「おかげさまで」と普通に挨拶します。

こうした過去への感謝が、秩序ある社会を形成してきました。

過去に感謝できる人は、未来に対して考えることができるようになります。

反対に、過去に感謝できない人は、未来を考えることができません。過去への感謝が未来を創造するからです。

17日 二の矢を受けない

生きている以上、困難は常についで回るものです。誰も、この困難を避けて通ることはできません。

ならば、せめて二の矢を受けないような生き方を心がけることです。

そのためにも、起きたことを人のせいにしない、言い訳をしない、愚痴を言わないことです。そうすれば、たとえ困難そのものは解決されなくても、さらなる困難は起きにくくなります。

18日 社風

社風のよくない会社は、問題が起きたとき、社外にその原因を求めます。

誰かのせいにすると、放置された問題は時間とともに膨《ふく》らみ、悪い氣を発するようになります。その氣が社風をさらに悪くします。

反対に、社風のよい会社は、その原因を社内に求め改善に努めます。一見、順調に経営しているような会社でも、社風が悪ければ、たちまち瓦解《がかい》します。

19日 真の冒険家

私が尊敬する真の冒険家の一人に、登山家の加藤文太郎《ぶんたろう》（一九〇五～三六）がいます。加藤は、自分のしていることを他人に知らしめて有名になろうという気持ちなどさらさらない人でした。

絶対に人を同伴しない。自分だけの力で冬山に挑戦し、必ず生還する。単独行といわれる登山をした人です。

保険をかけてやるような挑戦と違い、冒険家のお手本だと思います。

20日 草取り

単純な草取り一つでも、私は意義と価値を見出しながら行なっています。

根元を指でつかんだとき、どれくらいの力でどのようにして引っ張ったらうまく抜くことができるか。草に合わせて、抜くようにしています。

小さな草も放置すればやがて大きく生長します。小さな草だからこそ手抜きをせずに根元から除去しています。草取りをする意義と価値は同じだからです。

21日 平和を守る気概

平和を守る気概について、作家・塩野七生《ななみ》さんの著書の一節に次のような文章があります。

「平和とは求め祈っていただけでは実現しない。誰かがはっきりと、この平和を乱そうものならタダではおかないと言明し、言っただけではなく実行して初めて実現するのである」

目の前で起きていることを座視している人に、平和を語る資格はありません。

22日 贅沢《ぜいたく》

私の講演を聞いて「贅沢は敵だ」と思い込み、別荘や高級車を持つことに拒絶反応を示す人がいます。

しかし私は、そんな贅沢が悪いと言ったことはありません。ただ、それだけの財力があるのならば、弱者や困っている人に一部でも割《さ》いてからにしてはどうかというのが私の考え方です。

儲けるのが悪いのではなく、お金を自分のことだけに使うのが悪いのです。

23日 慣れ→馴れ→狎《な》れ

よい習慣が、その人の人生を変える大きな力になります。

身につけるときは苦労したよい習慣も、「慣れ」ることによって簡単にできるようになります。

ところが、「慣れ」が続くと「馴れ」が生じ、さらに「狎れ」合うようになることがあります。たとえ親しくなっても、「馴れ」や「狎れ」にはならず、初心の「慣れ」を保ちたいものです。

24日 頭の悪い人

いくら勉強がよくできて、知識や能力が豊富にあったとしても、悪いことを考える人は頭の悪い人です。

頭の善し悪しは、けっして記憶力がよいとか頭脳の優れた人という意味ではありません。

もちろん、立派な学歴や社会的な肩書も関係ありません。

能力のある人が善からぬことに頭を使えば、むしろ害悪でしかありません。

25日 信じる

「ほんとうに掃除で会社がよくなるのか？」「にわかに信じがたい」

私の話を聞いて、このような疑問を呈する人が少なくありません。

こうした疑念が根底にある以上、掃除に取り組んでも、長続きすることはありません。おそらく成果も上がりません。

何事も、よいと思ったことは信じる素直さが必要です。信じて行動するところから、道が拓けます。

26日 体感の力

たとえば、目隠しをして手のひらに石鹼《せっけん》を載せたとします。すると、たいていの人は「石鹼ですね」とわかります。

ところが、次にお盆を持ってもらい、その上に石鹼を置いても、何を置いたのかわかりません。

この実験は、体感することの大切さを証明しています。頭のなかで「わかった」というだけでなく、体感しなければ「わかった」ことにはなりません。

27日 会議

会議が多くなると、会社は停滞するようになります。

会議のすべてが悪いということではありません。しかし、どうしても決断しなければならないことを会議で決めることはできません。会議は責任逃れのセレモニーでしかないからです。

責任をとれない人が何人集まって話し合いをしても、何も変わらず、何も始まりません。

28日 一七〇℃の努力

たとえばエビの天ぷらをつくる場合、一七〇℃の油に入れれば、三分間でからりとした美味《おい》しいエビ天に揚がります。

ところが、四〇℃の油にたとえ十時間エビを入れても、出来あがりはぐったりとしたままです。

つまり、四〇℃の努力をいくら続けても、難関を突破する力にはならないということです。ここぞという場面では、一七〇℃の努力が求められます。

29日 因果関係

もともと因果関係がはっきりしているような問題に、大事なことはありません。大事なことはすべて、簡単に説明できないような因果関係ばかりで成り立っています。

そのおぼろげな因果関係を信じて、どこまで真剣に打ち込めるか。人間が試されるのはここです。初めから結果が保証されていて、誰にでもできるようなことに大事なことはありません。

30日 使命感

振り返ってみると、私は人生の節々で使命感に燃えて生きてきました。

少年期は両親や兄弟のために。社会人になってからは、会社を伸ばすことに一心不乱でした。独立創業してからは、業界を改革することに燃えていました。

そして、「日本を美しくする会」を提唱してからは、全国の学校や街をきれいにしたいという願いを持ち続けて打ち込んできました。

心の重心を低く

7月

重心が高いと、建物でも乗り物でも不安定になり、倒れます。人間の重心も同じ。心の重心が高いと精神が不安定になり、自分を見失う原因になります。

1日 自分で伸びる

人間が成長する過程において次の二通りの人がいます。一つは「自分の努力で伸びる人」。二つめは「人から、指示・命令・監視・干渉されて伸びる人」。

いつまでも二つめの伸び方をしている人は、ある時期から成長が止まるばかりか、衰退してくる傾向があります。

定年退職して途端にやるべきことを見失い、「ただの人」になるのは、この伸び方に依存してきた人です。

2日 歳出《さいしゅつ》

近年、税収増でも歳費が足りないのは、政府や行政機関の肥大化が影響しています。公務員の人件費が増え、福祉や医療などさまざまなサービスにかかわるコストも莫大なものになってきました。

そのきっかけになったのが、約三十年前に始まったグローバル化です。

グローバル化という名のもとに、数値化するための余計な作業が増え、その分が歳出増につながっています。

3日 競争原理

たとえば、世の中で敗者といわれるような人が人口の三〇％を占めるようになったとします。

もしその人たちが仕事を放棄したら、大企業がいくら利益を出しても、社会としては成り立ちません。

つまり、弱い者が滅びる社会は、強い者も生きられなくなる社会なのです。

過度な競争原理が働いている現代社会は、そうしたリスクをはらんでいます。

4日 見過ごす

しかるべき指導さえ心がければ、生徒が道を外れることはありません。

問題は、先生が生徒の小さな綻《ほころ》びに気がつかないことです。気づいたとしても、見過ごしてしまうことです。

一度見過ごすと、歯止めが利かなくなります。そうなると、手がつけられなくなります。くれぐれも、「そのくらいはいまの時代、普通のこと」と軽い気持ちで見過ごさないことです。

7月

5日 言志録

西郷隆盛が座右の書にしていた『言志録』（佐藤一斎著）に、次のような一節があります。

「真に大志ある者は克《よ》く小物を勤め、真に遠慮ある者は細事を忽《ゆるがせ》にせず」

「ほんとうに志《こころざし》のある人は、小さなこともおろそかにしないで励むものである。そして、真に遠大な考えを持っている人は、些細《ささい》なこともいい加減にしない」という意味です。

6日 形式主義

人間は体裁を繕《つくろ》ってやった振りをしていると、いつの間にかやったつもりと錯覚します。

じつはこのことが、もっとも怖ろしいことです。たとえば、嘘も何回か言っているうちに、その気になってくるようなものです。

そんな形式主義に走る人の共通点は、実行力がないことです。この形式主義が、人生を不幸にします。

7日 社長

社長という立場は窮屈《きゅうくつ》なものです。窮屈なことに堪《た》えている姿が、社員を惹《ひ》きつけているのです。

その社長が、立場を利用して好き勝手に振る舞っているようでは、社員の信頼は得られません。

不条理に堪え、一身に責任を背負っているからこそ社員は信頼してついていきたくなるのです。

社長が気楽になったら終わりです。

8日 出迎え

出張等で出かけるとき、同行者が私の自宅経由で迎えにきてくださることがあります。

そんなとき、私は約束の十分前を目途《めど》に自宅前でお待ちするようにしています。せっかく迎えにきてくださった人を、待たせるわけにいかないからです。

ほとんどの場合、妻も一緒です。夫婦でお礼のご挨拶をさせていただくようにしています。

9日 訴訟社会

人間関係で、契約書を持ち出して話し合わなければならないようになれば、その関係はもうおしまいです。

契約書を持ち出す以前の、常識や美意識で解決策を見出さなければ、窮屈《きゅうくつ》な人間関係になるからです。ところが、現代はちょっとしたことでも、契約や法律を持ち出した訴訟問題が起きています。

それだけ人間関係が希薄になってきていることは事実です。

10日 人を喜ばせる

人を喜ばせると、次から次へと気づきを得られるようになります。

「あれもしてやりたい」「これもしてやりたい」。そうして気づいたことを、周囲の人にして差し上げると、当然、人から好かれます。頼りにされるようになります。

そうなれば、自然と自分に自信が持てるようになり、勇気も湧いてきます。

人を喜ばせると人生が変わります。

11日 抜いた草

抜いた草の根元を揃えて置くようにしているのは、作業後、収集するときに散乱しないからです。

無造作に放置しておくと、運ぶときに散乱して二度手間になります。

また、そのまま大地へ還《かえ》すにしても、整然と同じ方向に揃えて置いておいたほうが見た目にも美しいものです。

こうしたことは一見、ムダのようですが、結果的に時間短縮となります。

12日 「個」よりも「衆」

「個の文化」の悪いところは、いまさえよければいい、自分さえよければいいという点にあります。

したがって、個の世界は短絡的で、永続不可能な生き方につながります。

一方、「衆の文化」は自分よりも周囲のこと、現在よりも未来のことをお互いが考えるようになります。

したがって、持続可能な社会の実現につながっていきます。

7月

13日 感謝状

二〇一七年七月十三日、第百三回「大和駅前街頭掃除の会」で、米軍厚木基地のジョン・ブッシー司令官に感謝状を贈呈することができました。

表彰の理由は、軍人さんのなかでも、ブッシー司令官の参加率がもっとも高かったからです。また、七月でアメリカ本土に転任されることになったからです。かけがえのないご縁。日米の大きな架け橋になってくださいました。

14日 頭を遣う

頭を遣うときに、心も遣うことです。たとえば、国の法律や会社の就業規則をつくるような場合、机上の空論だけでは、得てして血の通わない内容になってしまいます。

もともと法律も規則も、人間が平和に暮らし、平等に生きるための決めごと。心の通わない条文は、百害あって一利なし。頭を遣うときこそ、心を遣って考える思いやりが必要です。

15日

国の安全

国の安全が脅《おびや》かされているのは、日本の防衛力が劣っているからではありません。

日本の実情に合わない憲法が現存しているから起きているのです。

もともと国民を守るために制定されているはずの憲法が、国民の不安を増進しています。そのうえ、無法な周辺国を利することに加担しています。

まことに不思議な状況だと思います。

7月

16日 英語教育

近年、幼児教育に英語を採用する傾向があります。私はこの流れを問題視しています。まだ日本語・国語すらも満足に理解していない子どもに対して、英語を学ばせる教育は、この国の将来を危うくすると懸念しています。

せめて中学生までは日本語・国語を正しく教育したうえで、高学年に進んでから他国語を学んでも遅くはありません。賢明な判断が求められます。

17日 幸福・不幸

不幸はいつも、いきなり背中から襲ってきます。一方、幸福は前から微笑《ほほえ》みを浮かべながら静かに近づいてきます。

幸福は地道な努力をしていると、少しは予見することができます。しかし、不幸は予告なしに突然訪れます。

だからこそ、不幸に対しては平素の心構えが必要になってきます。この心構えがないと、うろたえたりして、前へ進むことができません。

18日 対処

起きた問題そのもので、人生や仕事がダメになることはありません。

重要なのは、その問題にどう対処したか。対処によって、結果はよくも悪くも変わってきます。

つまり、「どうして自分だけにこんな問題が降りかかるのか」ではなく、「この問題は自分に何かを気づかせるために起きている」と受け止める。そうすると、智恵とやる気が出てきます。

19日 コップの汚水

コップの汚水をきれいにするには、次の二つの方法があります。

一つは、その上からきれいな水を足していき、時間をかけてきれいにする方法。二つめは、汚水をすべて廃棄して、きれいな水を注いでいく方法。

いずれの方法でも、きれいな水になることは間違いありません。自分の習慣を変えるようなとき、私はこの二つの方法を使い分けてきました。

20日 後悔

同じ後悔でも、やって失敗した後悔と、やらなかった後悔があります。

やって失敗した後悔は、時間とともに消えていきます。場合によっては、懐かしい思い出になることもあります。

反対に、やらなかった後悔は、いつまでも心に残ります。自分をいつまでも苦しめる原因になることもあります。どうせ後悔するのなら、私はやった後悔をするようにして生きてきました。

21日 傍観者

誰しも、自分自身の損得にかかわる問題であれば、何をさておいてもその解決のために努力します。

ところが、ひとたび自分の損得に無関係となると、まるで対岸の火事を眺める傍観者になります。

この傾向が、会社や社会を荒《すさ》ませている一番の原因です。何事にも傍観者ではなく、当事者意識を持ってことにあたる。そうでなければ何も変わりません。

22日 排水溝の掃除

道路の側道にある排水溝を掃除しておかないと、洪水の原因になります。

排水溝の中には、石や泥、人が捨てた煙草の吸い殻やゴミの詰まっている箇所がたくさんあります。私はそういう排水溝を目の敵《かたき》にして、地面に這いつくばってきれいにしてきました。

洪水だけの問題ではありません。吸い殻やゴミが川を伝って海に流れると、生体系が破壊されるからです。

23日 人を選ばない

人からよく「鍵山さんは、平凡な人に非凡な仕事をしてもらって、会社を大きくしてきた稀有《けう》な経営者ですね」と評されます。

その評に対する私の意見は次です。「いえ、そうではありません。私は平凡な人が平凡な仕事をしても、成り立つ仕組みをつくって会社経営をしてきました」。ひとえに、人を選ばない会社経営をしたかったからです。

24日　広瀬淡窓《たんそう》の言葉

江戸時代、広瀬淡窓という高名な儒学者がいました。この淡窓の言葉に、次のような教えがあります。

「わがことのほか、少しもせぬ者は学問をしても使いようなし」

学問とは世のため人のために究《きわ》めるものであって、そんな志《こころざし》のない者がいくら学んでも、社会で何の役にも立たないという意味です。現代の世相を見事に予見した言葉です。

25日　不幸せ

人はなぜ不幸せになるのか。

多くの人が幸せになりたいと願いながら、明らかにそうならない選択をしているというのが私の考えです。

その根本的な勘違いの一つに、いつの間にか無意識のうちに、自分にとっての好都合だけを選んでいる事実があります。

むしろ不都合や不条理を避けず、積極的に取り組むことが、幸せへの道を拓いていきます。

26日 社員

会社経営において、お客様は神様ですが、それ以上に大事なのが社員。社員が生きがいを感じてこその会社です。

かつて、有力なお客様の無理難題を拒否し、取引を断念したことがあります。当時は会社の存亡をかけた決断でした。

私がそこまで危険を冒《おか》して決断したのは、ひとえに社員が卑屈《ひくつ》になることを恐れたからです。社員を卑屈にしてまで、会社を経営する意味はありません。

27日 行政負担

できるだけ行政には負担をかけないというのが、私の一貫した考え方です。

つい先日、自宅前の道路の排水溝に一部亀裂が入りました。車で出入りするたびにきしみ音がしている状態でした。

普通なら、区役所に連絡して修繕してもらうべきところでしょう。しかし、私は区役所の了解を得たうえで、自費で取り替えました。行政に負担をかけたくなかったからです。

7月

28日 長寿社会

昔に比べ、人間の寿命が延びたことで、時間的なゆとりのある生き方をしている人が多くなりました。

ゴルフや旅行や家庭菜園を楽しんでいる人。時間の過ごし方はさまざまです。なかには、時間を持て余しているという高齢者の話も聞きました。

そういう人には、たとえ少しでも、持てる時間を社会のために使うことをお勧めします。

29日 人間の価値

現代教育の欠陥は、生徒の能力を測る基準が試験の点数にかぎられ、点数をいかに上げるかが優先されていることです。その結果、日本の教育がいびつなものに変わり、社会全体のモラルの低下につながっています。

当然、数値化だけが人間の価値を判定する物差しではありません。むしろ分析や測定不可能な領域にこそ、大切な人間の価値が秘められています。

30日 小市民主義

いまの世の中を悪くしている元凶《がんきよう》は、「自分さえよければ」という小市民主義が蔓延《まんえん》しているからです。

小市民主義的な人が多くなると、個人が幸せになれないばかりか、家庭を壊し、社会まで悪くします。

そうならないためにも、周囲に配慮して、「周りの人がよくなれば、自分もよくなる」と信じられるような生き方を心がけることです。

31日 失敗と成功

誰にも「成功したい」という思いと「失敗したくない」という思いの両方があります。はっきりしているのは、行動しなければ、失敗もない代わりに、成功を手に入れることもないということです。

成功を願うのであれば、まず思いを行動に移さなければなりません。そのうえで、失敗を恐れないことです。

成功の反対は、何もしないことにほかならないからです。

7月

ゴミを拾う人は捨てない

8月

ゴミを捨てる人は捨てる一方。捨てる人で拾う人はまずいません。反対に、拾う人は捨てません。この差は年月がたてばたつほど大きな差となって表れます。

1日 本物

本物に共通するのは、後味がよいことです。たとえば、水や空気がそうです。毎日口にしているのにもかかわらず、飽きることがありません。

人間も例外ではありません。本物と呼ばれる人は、会ったあとの余韻《よいん》が心地よく残ります。

別れたばかりにもかかわらず、またすぐに会いたくなります。

本物を目指したいものです。

2日 体験談

講演で心がけているのは、自分の体験談を紹介することです。なかでも、失敗談をお話しするようにしています。

そのうえで、「体験してよかった」ことや「このことは知っておき、身につけておいてよかった」というような事実をお話しします。

間違っても、人の批判や悪口や自分の考えを押しつけるような話はしないように心がけています。

3日 規範意識

かつての日本には、法律よりも高いレベルに人々の規範意識がありました。

そのレベルで国民は仕事に従事し、生活を営《いとな》んでいました。したがって、普段、法律を意識する必要もありませんでした。

ところが、現代はこの規範意識が失われています。「法律に反していないから自分は正しい」と平然と権利を主張する人もいます。日本人の劣化を実感します。

4日 真の幸せ

フランスの作家サン＝テグジュペリの名著『星の王子さま』の一節に、次のような言葉があります。

「真の幸せは、自由のなかに存在するのではない。義務を甘受するなかにある」

つまり、勝手気ままに生きている人が幸せになることはない。

自分に課された義務を甘んじて受けて、それを遂行《すいこう》する人のほうが幸せになれる、という意味です。

5日 席順

会合や食事会のとき、事前に私は席順を決めておくようにしています。

出席者が、自分の座る席を迷わなくてもよいようにとの配慮からです。

席順が決まっていないと、どこに座ればよいかがわかりません。その分だけ、ムダな時間を費やし、混乱を招く原因になります。

その結果、せっかくの食事会も、初めから気分を害することにもなります。

6日 凶器

読んだ本の一節を紹介します。

「人間には能力と人柄と二つの面がある。現代は能力を高めるほうばかりに目がいってしまい、そのための学ぶ機会はたくさんある。ところが現代人は、能力ばかり高くなって、人柄や人間性、人格が伴っていない。まるで、エンジンとボディだけで、ハンドルとブレーキがついていない自動車のようなものだ」

人が凶器になるという警告です。

7日 社員の人間性

掃除を通してたしかに会社がきれいになってきました。探し物をする時間も大幅に短縮されました。

それ以上にうれしい変化があったのは、社員の人間性の向上です。それまで荒《すさ》んでいた社員の心が穏やかになり、表情が明るくなってきました。

お客様からは「貴社の社員は、言葉遣いや態度が丁寧ですね」と言われるようになりました。掃除のおかげです。

8日 民度

「民度」という言葉があります。「民度」は「国力」に匹敵する力を秘めています。過去に起きた東日本大震災や熊本地震でも、パニックになることなく、節度を守った日本人の高い民度が、諸外国から称賛されました。

これは日本が誇るべき武士道精神や寺子屋教育が精神文化として根づいていたからです。私たちにはこの民度を伝え遺《のこ》していく使命があります。

9日 政治家の常套句《じょうとうく》

「これ以上は一歩も引かない」「絶対に譲らない」。政治家が威勢よく口にする常套句です。口にするだけで、実践で示したところを見たことがありません。

まるで太平洋を挟んで石を投げ合っているようなもの。なんの犠牲も痛痒《つうよう》も伴っていない乾いた議論です。

覚悟した本気の発言ならば、せめて石が届くところに出てきて、不退転の決意を示してもらいたいものです。

10日 繰り返す

教育の基本は、繰り返しにあります。

挨拶一つとっても、できなければできるまで繰り返し練習をする以外に方法がありません。わかったような顔をして練習もしないような人は、何一つ教えを身につけることができません。

知っていることをできることにしてこその教育。そのためにも、練習することです。練習によって初めて、教えが身につきます。

11日 過去と未来

過去を変えることはできません。過去を嘆いても何も変わりません。過去は受け入れて、感謝あるのみです。

一方、未来は努力によって変えることができます。責任ある未来を築くためにも、過去に感謝して学ぶのです。

現在のことしか考えないのは、動物の世界。過去と未来をつなぐ存在である私たち人間は、過去から学び、責任ある未来を築く使命を負っています。

12日 戦略と戦術

戦後教育を受けた現代人は、「戦略」とか「戦術」という言葉を多用します。

たしかに、社会人として、そして一個人として、この考え方自体が間違っているわけではありません。

問題は、その「戦略」「戦術」を自分が得することだけに使っていることです。どんなに立派な「戦略」「戦術」でも、人格・人間性が伴わなければ、危険な刃《やいば》になりかねません。

13日 引きずらない

悪いこともよいことも引きずらない。これまで私が心がけてきた生き方です。

悪いことを引きずると、不安になり、夜も眠れません。その結果、次への行動が鈍《にぶ》くなります。

反対に、よいことを引きずってもいいことはありません。よいことは気分がいいだけに、いつまでも留《とど》めておきたくなるものです。しかし、この慢心が気の緩《ゆる》みを招きます。

14日 意義と価値

掃除をしたからといって、すぐに会社の売上が上がったり、人からの信頼が得られるものではありません。

だいいち掃除をして対価を求めるような人は、やっても続きません。

もともと掃除はしなければならないものでもなく、人に強要したり押しつけたりするものでもありません。

掃除に意義と価値を見出した人だけがやればよいのです。

15日

靖國神社参拝

終戦記念日の八月十五日、私は毎年、靖國神社の参拝を欠かさずしてまいりました。国のために尊《とうと》い命を捧げた先人に対する、せめてもの償《つぐな》いです。

私の願いは、靖國神社に毎年百万人の日本人が参拝することです。そうなれば、近隣諸国からの謂《いわ》れのない内政干渉も声をひそめることと思います。

先人に対する国民の思いこそが、何よりの戦争抑止力になると信じています。

16日 余裕

社業以外の社会活動に精を出していた私に、「あなたは会社に余裕があるからそんなことができるのだ」と言う人がよくいました。

けっしてそんなことはありません。余裕があったから、やっていたわけではないのです。やっているうちに、少しずつ余裕ができてきたのです。

「余裕ができたら始めよう」というような人に、できた試しがありません。

17日 小さなこと

小さなことに私がこだわるのは、小さなことこそ、なかなか気づきにくいからです。その点、大きなことは注意しなくても誰もが気づきます。

放っておいても気づくことには、とくに努力する必要がありません。努力しなければ気づかない小さなことにこそ、細心の注意が必要です。

小さなことを億劫《おっくう》がらずに対処していると、大変なことにはなりません。

18日 子への遺言

わが子に対する親の思いは、どんな親でも同じです。わが子がかわいくない親はこの世にいません。そのかわいい子に遺《のこ》すべき唯一の遺産。私の場合、お金や不動産ではありません。

私の願いはただ一つ。できることなら、私がこれまで体得してきた体験と思いを子どもにそのまま伝え遺したい。

この願いさえ届けられれば、私は他に望むことはありません。

19日 江戸時代

日本の国を勃興《ぼっこう》たらしめたのは、江戸時代だったと確信します。約二百六十年間続いた江戸時代は、日本の歴史に残る輝かしい時代でした。

具体的には、国内に大きな戦争がなかった。国民は一定の秩序を守り、道義を重んじていた。さらに、庶民の一人ひとりに至るまで教育が行き届いていた。

この時代に培《つちか》われた民度がいまも生きています。私たちは誇りにすべきです。

20日 素直さ

人からのアドバイスがきっかけとなって、見違えるように成長する人と、いつまでも変わらない人がいます。

その分かれ道は、本人の「素直さ」に起因しています。どんなアドバイスも、受け入れる素直さがない人には無意味。

相談する以上は、まず心をまっさらにして相手のアドバイスを聞き入れる素直な自分になることです。素直さのない人が成長することはありません。

21日 光を当てる

大切なことなのに見捨てられているものが、世の中にはたくさんあります。

ほとんどの人が、その見捨てられているものに気づかないか、気づきながらも軽視しているのは、取るに足らない小さなことばかりだからです。

私はこれまで、そんな一つひとつに光を当て、真正面から真剣に取り組んできました。失敗もたくさんありましたが、得たものも数知れません。

22日

会社の存在理由

もちろん、経済性を無視した経営は許されません。どんな会社も、利益を上げなければ存続できないからです。

ただし、それは大事な条件の一つであって、すべてではありません。貸借対照《たいしゃくたいしょう》表や損益計算書では表せない、大事なことが会社にはかならずあります。

その一つが、穏やかな社風です。社風のよい会社でなければ、世の中に存在する意味がありません。

23日

飛行機の利用

飛行機で出張するとき、私はいつもエコノミークラスを利用しています。尊大な人を多く見かけるファーストクラスの利用者と同じようになりたくないからです。

飛行機を頻繁《ひんぱん》に利用する私には、航空会社からのさまざまな特典が与えられています。それでも私は、与えられた権利を一切使わないようにしています。自分の慢心につながるからです。

24日 掃除活動

もともと人間には清く美しい心が宿っています。ところが、汚れた環境のなかで生活していると、心の表面が汚れで覆《おお》われるようになります。

その結果、内面の美しい心が外に出にくくなります。

残念なことに、いまの社会全体がそういう循環になっています。

そんな流れを少しでも変えるべく、私たちは掃除活動に励んでいます。

25日 自分次第

相手のためになることを積み重ねていけば、必ず同じような人や企業が集まるようになります。

結果的に、自分の人生も豊かになり、企業としても発展します。

逆に、自己中心的な考えになれば、似たような人や企業ばかりが集まるようになります。そういう人や企業は一時的に業績が伸びても、遠からず衰退の一途をたどることになります。

26日 美意識

近年、日本人の美意識が失われつつあることが気になります。

たとえば、電車から降りる際、自分のかばんを周囲にぶつけながら、われ先に降りていくような行為。この行為は、人として、高邁《こうまい》に生きようという美意識のなさを表しています。

こうした美意識のない人が大成することはありません。いままで多くの人を見てきた、私の間違いのない経験則です。

27日 差別化

掃除をすると、会社の業績がよくなる大きな要因になります。

その主な理由は、商品自体の差別化というよりも、商品をつくったり扱ったりする社員の質の向上につながるからです。

掃除をすると、間違いなく人間性が向上します。そうした社員の人間性が、他社との差別化を招くのです。

「人間性の向上こそが最大のサービス」といわれる所以《ゆえん》がここにあります。

28日

いいお客様

かならずしも、たくさん買ってくださる人が、店にとっていいお客様ではありません。

むしろ「おれはたくさん買ったからいいお客だ」、とうそぶくような人には来店してもらいたくありません。

いいお客様とは、店側の気持ちを汲み取ってくださる人、店がそこにあることを素直に喜んでくださる人です。

店は街の財産でもあるからです。

29日

日本人の真価

国家百年の大計もなくつくり出された現行の制度が、本来の国民性を変質させてきたように思います。

たしかに、技術の革新によって物質的な豊かさを手にしました。しかし、見方によっては、同じだけの大切な何かを失ってきたのかもしれません。

いや、失ったもののほうが多いとすら感じます。いままさに、日本人の真価が問われています。

30日 能力

中途半端な能力はむしろ、持っていないほうがよいとさえ思っています。能力が行動を鈍《にぶ》らせる弊害がよくあるからです。私は能力がなかったからこそ、与えられた環境のなかで覚悟を決め、迷わず打ち込む努力ができました。

やるべきことに集中すると、できないことはありません。自分一人でできないことは、人の力を借りればいいのです。能力は関係ありません。

31日 問題

問題を放置しておくと、そこから悪い氣が蔓延《まんえん》します。悪い氣はいつも、問題のあるところからはびこるからです。

悪い氣を発散させないためには、問題を先送りせず、そのとき、その場で、こまめに対処していく以外にありません。停滞が悪い氣を誘導するからです。

この氣は、健康被害、事業不振、人間関係等に大きな影響を与えるので、気をつけなければなりません。

氷

不合理なことを受け入れる

9月

自分にとって不合理なことを全部拒否していたら、人間はいつまでたっても成長できません。不合理なことをどれだけ受け入れられるか。その度合が、人生を左右します。

1日 国を守る

この平和な日本を思うとき、先の大戦で犠牲になられた方々を抜きにして語ることはできません。

そんな先人に少しでも報いるためにも、この国の尊《とうと》い歴史や文化を後世に伝え遺《のこ》していく使命が私たちにあります。

生まれた国を守る気概。人として持つべき当然の姿勢です。これは、現代に生きる私たちの務めであり、人が国を想う自然な気持ちだからです。

2日 朽《きゅう》木《ぼく》糞《ふん》牆《しょう》

「朽木糞牆」。幕末から明治にかけて活躍した、臨済《りんざい》宗の禅僧・今北洪川《いまきたこうせん》の著書に出てくる言葉です。

腐った木に彫刻することはできない、腐り崩れた土塀《どべい》に上塗りをすることはできないという意味です。

同じように、濡れて腐った木にいくら火を点《つ》けようとしても燃えません。これを人間にたとえると、怠け者には教育しても意味がないという教えです。

3日 深める

「広める」よりも「深める」というのが、私の一貫した生き方です。

長年続けてきた掃除も、徹底して深めてきたからこそ、日本のみならず海外にまで広がっていきました。

もし私が広めることばかりに目を奪われていたら、掃除がここまで広く認知されることはなかったはずです。

掃除にかぎらず、広めるためには深めることが先決です。

4日 企業の不祥事

企業の不祥事が増えています。その背景として、経営者の人格と資質の低下が考えられます。

たとえ社員の不祥事であっても、経営者は自分の責任として猛省し、社風の改善に努めなければなりません。

不祥事を把握する想像力のない経営者は失格です。つねに不測の事態につながることを察知して、判断するのが経営者の役目です。

5日 比較

他人と比較して、自分の至らないところばかりに目のいく人がいます。

そんな人は、どんな状況が与えられても、心の休まるときがありません。いつも不安な毎日を過ごすことになります。

人間の不幸は比較から始まります。比較するのは、心の目が内向きになっているからです。自分にだけ目が向いていて、比べることでしか自分を確かめられないからです。

6日 薫習《くんしゅう》

仏教用語に「薫習」という言葉があります。意味は「香りが衣《ころも》に染《し》みついて、残存するような状態」。

この言葉と同じように、日常生活でも、自らの行為が習慣となって心に宿る現象があります。

優れた人からそれぞれに学び、感性を養い、さらに実践して周りに伝えていけば、同じ「薫習」になるはずです。そんな社会の到来を願っています。

7日 人の気持ち

掃除はきれいにしさえすればいいかというと、そうではありません。

掃除を外注してきれいにしてもらったとしても、価値は半減します。実践の伴わない掃除は大切な過程が抜け、結果だけで判断するようになるからです。

結果だけで判断すると、人の気持ちを慮《おもんぱか》ることができません。

掃除はやはり、自らの手できれいにしたときに初めて学びが深まります。

8日 国会審議

あらかじめ質問する側と答弁する側の原稿をすり合わせしたうえで行なう日本の国会審議に疑問を感じます。

原稿なしで審議をした結果、即答できないようなことがあったとしても、「いまは即答しかねます。調査のうえ、後日返答します」と率直に許しを乞《こ》えばいいことだと思います。

そのほうが、血の通った真の議論に結びつくことと確信します。

9月

9日　人間の悲劇

東井《とうい》義雄先生のご著書のなかに、次のような言葉があります。

「インテリは首から下を使おうとしない。勤労者は首から上を使おうとしない。この頭と胴体の分離に、人間の悲劇、不幸がある」

人間には考えることと行動することが必要です。この二つがバラバラでは十分とは言えません。つねに行動しながら考える、考えながら行動することです。

10日　問題発見能力

問題処理能力も大切な能力ですが、問題発見能力はさらに大切な能力です。

とくにこの能力は、上級管理者になればなるほど求められます。

たとえば、「この職場の問題点を挙げよ」と問われたとき、「別に問題はありません」と答える人は能力の低い人。同じ問いに対して、十も二十も即座に挙げられる人が能力の高い人。

掃除で問題発見能力が磨かれます。

11日 望み

長い人生には、活路を見出せず、絶望的になるときがあります。

活路が見出せないのは、高い望みを頑《がん》として変えずに、そのまま対処していることが考えられます。最初はいまできることから始めてみる。

そうすれば、少しずつ自分の望んでいたような状況が現れるようになります。現実を受け入れず、高望みばかりしていては、何も始まりません。

12日 一人では

一人では何もできません。自分の思いを形にしていくには、人の協力が必要不可欠となります。

仕事でも掃除でも、私はこれまで、賛同し協力してくれる人を日本各地に探し求めてきました。協力者が現れると、私はその人を全面的にサポートする側に徹してきました。その結果、仕事も掃除も日本全国に広がっていきました。

協力者のおかげです。

9月

13日 会社は公器

会社を経営して約六十年が経過した現在、収益最優先の競合会社は、すべて姿を消しました。

原因は、社員や仕入先を踏み台にして、自社の収益だけを追い求めた独善的な経営です。

独善的な経営は一定期間通用しても、永遠に続くものではありません。会社は社会の公器。永遠に続いてこその会社経営でなければなりません。

14日 日本人の資質

この十数年間を振り返っても、凄惨《せいさん》な事件を起こす人が多くなりました。

こうした事件と遭遇するたびに、日本人の資質が変わってきたのではないかと危惧《きぐ》しています。

これは本人の資質だけが原因ではなく、私たち日本人すべてが負わなければならない責任です。その流れを少しでも食い止めるために、私たちは学校や地域の掃除をしています。

15日　議論

獨協《どっきょう》大学の初代学長で、文部大臣も務めた天野貞祐《あまのていゆう》が、次のような言葉を遺《のこ》しています。「丁稚《でっち》の喧嘩《けんか》はいつまでも本質から離れない。学者の議論はいつの間にか本質から離れていく」。

つまり、学者は自分のプライドに固執《こしつ》して、互いの持論を正当化し合ううちに、いつの間にか本質から遠ざかるという指摘です。本質から外れた議論を、いくら続けても意味がありません。

16日　あきらめない

自分の人生を切り拓く第一歩は、環境のせいにしたり、時代のせいにしたりしないことです。

そのためには、まず身の回りで起きていることをすべて受け入れる。そしてそのなかで、自分ができることは何かを焦《あせ》らずに考える。

できることさえ見つかれば、どんな状況からも必ず活路を見出すことができます。あきらめないことです。

17日 守るべきもの

見た目には強そうな人でも、自分以外に守るべきものを持っていない人は、いざというとき脆《もろ》くて弱いものです。

ところが、現代は何よりもまず自分を最優先して守る風潮が蔓延《まんえん》しています。これは不幸への道を走っているとしかいいようがありません。

自分の地位や立場を守ろうとすればするほど、人間は弱くなります。当然、幸せになることもありません。

18日 強引な営業

強引な営業をしても、長続きするものではありません。お客様に信頼を得てこその営業です。

信頼のない営業は、まるで坂道を自転車で駆け上るような行為です。ペダルを踏まなくなった時点で、後戻りするか、転倒するしかありません。

そんな営業ではなく、平坦《へいたん》な道を走っていても成り立つような取引こそが、長続きする営業です。

19日 呼び方

私は人に話しかけるとき、基本的に「さん」づけで呼ぶようにしています。

「君」づけで呼んでいた社員も定年退職後は、「さん」づけで呼んでいます。

社員のなかには、会社を辞めて、フランチャイズ店として独立起業する人もいます。

その人に対しては、必ず「○○社長」と肩書をつけて呼ぶようにしています。

それが礼儀だと思うからです。

20日 縁

縁は、自分でつくろうとしてつくれるものではありません。

自分だけが一方的に「あの人と縁をつくりたい」と思っても、その人が受け入れてくれなければ成立しません。

相手から「あの人と縁をつくりたい」と思われるようにならなければ、望むような縁はできません。

相手が自分を受け入れてくれたとき、初めてお互いの縁が結ばれます。

9月

21日 君が代は正しく

君が代は、正しく歌ってこその国歌です。その国歌がおざなりに歌われていることが気になります。

たとえば「さざれ石」の歌詞を歌うとき、「さざれ～」で息を吸い「石の～」と続けているような場合です。

「さざれ石」は一つの言葉。したがって、息を継がずに続けて歌うのが正しい歌い方です。おざなりに歌って済むことではありません。

22日 大海に水一滴

吸い殻一つ拾ってもきりがないという人がいます。そんなことはありません。

その吸い殻一つを放っておくと、地球が汚れます。それだけではありません。吸い殻を目にする人の心も荒《すさ》みます。拾うことによって、その分だけ地球を汚さず、人の心を穏やかにすることができます。

この実践は、まるで大海に水一滴を垂らすような、はかない行為です。それでも、一滴分は確実によくなります。

23日 中国での講演

中国の大学で私が講演した主な内容は次のようなものでした。

「人格を高めるためには、よい習慣を一つでも多く身につけることです。その人が身につけているよい習慣に比例して、人格は高められます」

同席していた大学の院長先生から、「学生に一番伝えたかったことを日本人が伝えてくれた」と大層喜ばれました。

何よりの日中友好になりました。

24日 西郷隆盛

西郷隆盛は、不運なめぐり合わせで、西南戦争の首謀者になりました。しかし、自らの野心でそうなったわけではありません。西郷を慕う周囲の人たちのために、自分の命を差し出したのです。

その真意は、「命もいらず名もいらず……」と詠《よ》んだ、西郷の言葉に表現されています。まさに、自分のことより他者を重んじた、見事な日本人のお手本ではないかと思います。

25日 日米同盟

私がいま危機感を募《つの》らせているのは、日本とアメリカの関係です。

日本とアメリカは必要不可欠な同盟国。この同盟関係の是非については異論もあることでしょう。私自身、アメリカのすべてに賛同しているわけではありません。しかし、同盟関係にある以上、望ましい交流をするのが国際公約のはず。いまの日本にとって、大切な友好国であることに変わりはありません。

26日 自己保身

掃除を学校に取り入れようとする志《こころざし》の高い教師に、反対する校長や教頭のいる学校がかなりの数存在します。

その理由は「出入り掃除業者の仕事を奪うことになるから」等、もっともらしい建前ばかりです。

しかし、本音はいままでやらなかった掃除の導入を恐れているのです。つまり「前例のないことはしないでほしい」という自己保身にすぎません。

27日 自問自答

人から掃除を批判されるたびに、原点に返って自問自答してきました。

「はたして、掃除をする以上に何かいい方法があるだろうか」

この自問に対して何回考えても、掃除以上のいいことを私は思いつくことができませんでした。

「だとしたら、この掃除が最善である」と覚悟を決めてから、いかなる誹謗《ひぼう》中傷にも堪《た》えることができました。

28日 掃除で差をつける

他社が真似できないようなことで差をつけようとしても、そう簡単にできるものではありません。

そんな難しいことで差をつけようとするのではなく、いまからでもできる平凡なことで差をつける。

つまり、他社が真似しようと思えばできることであっても、つい見逃しているようなことで差をつける。

掃除がいい例だと思います。

29日 人間の勘《かん》

私の体験上、動物的な勘が鋭くなったのは、進退窮《きわ》まったときでした。

窮地に立たされていたとき、次から次へとヒット商品を生み出せたのが、その証拠だと思います。

平穏のときだったら聞き洩《も》らしそうなお客様のひと言が、当時の私には大きなヒントになったのです。

追い詰められて、人間本来の勘が研ぎ澄まされたからでしょう。

30日 大人への復讐

近年、約束を守らず、責務を果たさないばかりか、誇りを捨て、労せずして利をむさぼる風潮が強くなってきました。利益さえ上げればすべてよし、という軽薄な風潮は、日を追って人心の崩壊を招いています。

このような大人の姿勢に不信感を抱く子どもたちが、次々と凶悪な犯罪を起こしています。これは、大人への復讐ではないでしょうか。

問題から逃げない

10月

問題から逃げると、ますます問題が大きくなります。避けられない問題は受け入れる。そのうえで、できるだけ問題に近づいて解決を図ることです。

1日 大人《たいじん》・小人《しょうじん》

中国では昔から「大人・小人」という表現が使われています。

意味はいろいろありますが、私は次のように理解しています。

「大人」というのは、自分の大事なものや富、時間を、人のため、国家社会のために使える人のこと。

「小人」というのは、自分のものをすべて、自分の楽しみや生きることだけに使ってしまう人のことです。

2日 正しい経営

数値目標を華々しく掲げ、自分の欲望達成を図ろうとする経営者がいます。私はそんな経営者を軽蔑《けいべつ》します。

自分の欲望に基づいた目標を社員に強《し》いるのは、会社の私物化だからです。

経営者は社員の努力に目を向け、その成果を公平に評価することから始めるべきです。そのうえで、社員のレベルに合った会社の目標を設定することが正しい経営でなければなりません。

3日 注文

昼食時、四～五名で蕎麦《そば》屋に行くことがよくあります。そんなとき、各人がバラバラに注文していたら、お店に迷惑をかけるだけです。

個人的な要望がとくにないかぎり、私は注文の品を一～二品に集約して頼むようにしています。

ただでさえ混雑する昼食時、そのほうがお店の人にも喜ばれ、注文した食事が出てくるのも早いからです。

4日 問題発見

突っ立ったまま見渡しているだけではさほど目立たなかった汚れでも、いざ腰を落として掃除を始めれば、次から次へと目につくようになります。

問題発見もこれと同じで、問題そのものに近づいて初めて、問題の本質が明確になるものです。

まずは何が問題かを知ることが、問題解決の第一歩。その点、掃除をすることで問題がよく見えるようになります。

5日 整理

「5S」でいう整理の意味は、要《い》るものと要らないものを分別《ぶんべつ》することです。

そのうえで、要らないものは捨てる。要るものは活かして使うことです。

分別する際、しばしば迷うことがあります。「まだ使えるのではないか」とか、「もったいない」という気持ちです。

そんなときの判断基準として、次のことをお勧めします。「使えるか使えないか」ではなく、「使っているか」。

6日 七つの社会的罪

一、理念なき政治
二、労働なき富
三、良心なき快楽
四、人格なき学識
五、道徳なき商業
六、人間性なき科学
七、献身なき信仰

インド独立運動の指導者だったマハトマ・ガンジーが、一九二五年、ある雑誌に寄稿した文章の一節です。

7日 当初の志《こころざし》

校長になることが到達点になっているいる教師がたくさんいます。志を持って教師になった人でも、校長になると、自己保身に汲々《きゅうきゅう》としています。

自分が校長の任期中は現状のままで平《へい》穏《おん》に過ごしたい。前例のないことはできるだけ避けたい。いずれも、教育者として恥ずべき姿勢です。

当初の志を忘れず、最後まで教育にあたっていただきたいものです。

8日 まず行動

教育学者の森信三《のぶぞう》先生が次のような教えを遺《のこ》しておられます。「やらないうちにわかったというわかり方は浅い」。

つまり、その程度の理解は「いいということがわかったらやります」というようなものだということです。

そういう人は一生できません。頭で考えるだけでなく、まずやってみることです。行動せずにいくら考えても、いいか悪いかわかるはずがありません。

9日 掃除の役目

たとえば、農作物はまず土地を耕《たがや》し、土を柔らかくしてから種を蒔《ま》くと、芽が出やすくなります。

これは人間も同じです。踏み固められた土壌のような心に、いくら語りかけても、伝わることはありません。

まず心を柔らかくしてから、優しく語りかけて接する。そうした配慮をすれば、人の心も自然と開いていきます。掃除がその役目を果たします。

10日 能率・効率

会社経営において、能率や効率を上げるための努力は当然のことです。

しかし、度を過ぎた追求は人心を破壊します。追求を厳しくした結果、たとえ業績が向上しても、さらなる欲求が高まり、心が殺伐《さつばつ》としてくるからです。

大切なのは、能率や効率を追求しながら、社員の穏やかな心をどうやって維持するかです。能率や効率だけが万能ではありません。

11日 国の崩壊

諸外国と比べ、日本にまだ少し光明が射しているのは、志《こころざし》を持った人たちがいることとです。それは「守るべき秩序を大切に維持しよう」とする人たちです。

そのような人たちが「いくらなんでも、もうこれ以上はできない」と言ってあきらめてしまったとき、この国の崩壊が始まります。

そうなれば、この国は芯《しん》のない浮き草のような国になることでしょう。

12日 子どもの視線

暴走族の少年と一緒に、公共のトイレ掃除を行なったことがあります。そのとき、少年の発したひと言が、「こんな大人もいるんだなあ」でした。

この少年の目には、それまで、大人は皆卑怯《ひきょう》で不誠実な人間に見えていたのではないかと思います。

素手で便器を洗う大人を見て、びっくりしたのです。子どもの視線に堪《た》えられる大人の生き方が求められています。

10月

13日 競争の弊害

過度な競争の弊害は、どうしても追い詰められる人が出てくることです。

追い詰められた人は自分よりも弱い人にあたるようになります。さらにその人の怒りは、社会の最弱者に向かいます。

そして、どこにもあたる人が見つからない最弱者は、自分の怒りを不特定多数の人に向け、犯罪を起こすことにもなりかねません。会社の過度な競争は、こうして社会にも伝染します。

14日 トイレ

当社物流センターのトイレは、ホテルのトイレに匹敵するほどの設備になっています。建設時、施工業者から「どうして、こんな贅沢なつくりにするのですか」と聞かれたくらいです。

物流センターでは、多くの女性スタッフが働いています。

たとえ利益を生まない施設であっても、心地よく使えるようにしておきたいからです。

15日

お礼

困った人を手助けすると、会うたびにお礼を言われることがあります。そんな人に私は次のようにお願いします。

「もし私に感謝する気持ちがあるのでしたら、以後、私へのお礼の言葉はけっこうです。それより、これからあなたが成功したとき、周りで誠実に生きているにもかかわらず困っている人がいたなら、その人を私だと思って助けてあげてください」

10月

16日 支援

脳梗塞《のうこうそく》の発症後、身体が不自由なばかりでなく、痛みとしびれと息苦しさに悩まされている毎日です。

それでもまだ、不自由とはいえ命が与えられています。この命を、私は次のような方々への支援として遣うように心がけています。

①掃除活動に専念している人
②大災害に直面した人
③社会の弱者といわれている人

17日 伝える

人に自分の思いを伝える方法として、次の三つが考えられます。

一つは、言葉で伝える方法。この方法は単純な分、限界があります。

二つめが、書いて伝える方法。自分の考えを熟考して、言葉を選んで書くだけに、深く伝わります。

そして三つめが、生き方や行動で伝える方法。言葉や文章で伝えられなかった私は、この方法で伝えてきました。

18日 下座におりる

私たちがトイレ掃除をさせていただいた中学校の生徒が、出身小学校のトイレ掃除に出向いた事例があります。

この行動が、後輩の児童たちに対する何よりのプレゼントとなりました。

このような善の循環が普通に行なわれるようになれば、たとえ問題校であっても、たちまちよくなります。いつまでも問題が解消されないのは、先輩（大人）が下座におりないからです。

19日 有識者

最近、何かというと、政府は有識者による会議を設け、判断を有識者に委《ゆだ》ねています。この流れに対して、私は違和感を覚えています。

有識者の意見に耳を傾けるのはよしとしても、判断まで委ねるのは、政治家の責任転嫁《てんか》に他ならないからです。

有識者の提言が、後になって的《まと》外れだったという例は数知れません。責任ある政治家の姿勢が求められます。

10月

20日 いじめ問題

学校のいじめ問題に対する文部科学省の対応は、本質から離れたピント外れとしか言いようがありません。

いじめの種類を分析して、過去のデータを集計することが、はたして、何の解決につながるというのでしょうか。

学校現場に足を運ぶこともせず、統計数字をつくるだけの仕事だったら税金のムダ遣いにすぎません。

もっと学校現場に近づくことです。

21日 受け入れる

目の前の災難に堪《た》えがたい苦痛を味わっても、私はいったんそのままを受け入れて対処してきました。

起きた災難を嘆《なげ》いても、何の解決にもならないからです。ましてや、誰かのせいにしても、よくなることはありません。まず、そのままを受け入れる。

災難に遭《あ》った自分を嘆くのではなく、この災難が次の幸せにつながると思える人になってもらいたいものです。

22日

丈夫な会社

社員は会社からの報酬だけで働いているわけではありません。報酬と同じくらい、社長の人間性と社風で働いています。

いくら報酬が高くても、社長の人間性についていけなければ、社員は会社を去っていきます。

会社には、浮き沈みがあります。よいときもあれば悪いときもあります。そんなとき、報酬に関係なく、社長の人間性で社員が働いているのが丈夫な会社です。

23日

誇り

日本にはもともと資源らしい資源がありません。私たちは、そのわずかな乏《とぼ》しい資源を皆で分け合いながら生き延びてきました。

一方、欧米諸国は歴史が示すように、自国に足りないものはよそから奪ってくるという文化です。

ここに根本的な違いがあります。

日本民族のこうした生き方に、私たちはもっと誇りを持つべきです。

10月

24日 教養

「教養のある人とは、頭のよい人のことをいうのではなく、思いやりのある人のことだ」と孟子《もうし》の言葉にあります。

近年、学歴が向上した分だけ、知識や資格を持っている人が増えてきました。逆に、自分さえよければという思いやりのない人も多くなっています。

たとえ高学歴でも、かならずしも教養のある人とはいえません。思いやりが伴ってこその教養です。

25日 尊敬する経営者

私が尊敬する経営者は、いずれも大企業の人たちではありません。

私の心を揺さぶる経営者は、むしろ中小企業でありながら、「よくぞここまで仕事を徹底されるものだ」と感心する人たちばかりです。

そんな経営者は皆自社の「分《ぶん》」を知り、価値ある商品づくりに徹しています。そういう人こそ、私にとって尊敬する経営者です。

26日 傍観しない

物流センターを訪問したとき、廃段ボールの積み込みを、二十代後半の女性が一人で行なっていました。

その光景を目にした私は、走って行って一緒に手伝いました。

終了後、センターの責任者を呼び、注意したのが次のことです。

「先ほどの作業を、君たちも気づいていたはずだ。見て見ぬふりをして手伝わないのはどうしたことか」と。

27日 電車の乗り降り

たとえば、電車の乗り降り。私は自分の目的駅が近づいたら、立ち上がり、出口に近づいて、降りる準備をします。

ところが、人によっては、扉が開いてからようやく立ち上がり、網棚から荷物を下ろして出口に向かう人がいます。

このこと自体、犯罪ではありません。しかし、このような身勝手な行動が、犯罪と同じくらいの重みで世の中を悪くしています。

28日 変わる

約五百名が参加した「掃除に学ぶ会」に、若いお母さんが子ども二人を連れて参加していました。

「いやだ、いやだ」と、最初は反抗していた子どもたちでした。ところが、掃除を終え帰るときには、「お母さん、また来たいね」と言っていました。

人間は実践を通して変わることができるのです。最初からトイレ掃除に前向きだった人ばかりではありません。

29日 軍事力

「軍事力があるから戦争になるのだ。だから、日本に軍備は必要ない」と主張する人がいます。はたして、そんな単純な考えで済む問題なのでしょうか。

事実、竹島や尖閣《せんかく》諸島の領土問題一つとっても、容易ならざる事態に直面しているのがいまの日本です。

軍備を放棄した国がいずれも他国の侵略を受けて、悲惨な運命に陥《おちい》った歴史から私たちは学ばなければなりません。

30日 能力だけでは

学力日本一の県があります。はたして、その県が発展しているか。

実態は、人口流出や高齢化でますます問題を抱えています。むしろ、発展どころか衰退しています。

学力向上も大切ですが、なにも日本一を目指す価値はありません。子どもたちに教えるべきは、目先の成績よりも、損得だけに振り回されない日本人としての美意識ではないでしょうか。

31日 私の生き方

何事でも、私は底辺から始めるようにしています。非力な私は、既成勢力に対抗する能力がないからです。

誰にも知られないほど離れたところから着手して、気がついたら、「あっ、こういうことをやっていたのか」と言われるような進め方です。

まともに攻め込み、余計な抵抗に遭《あ》うよりも、時間をかけて外堀から埋めていく。これが私の生き方です。

有利なことは控え目に

11月

自分にとって有利なことばかりをしていると、人の反感を買います。不利なことを前向きに行なっていると、人からの理解が得られるようになります。

1日 覚悟

明治から戦後の高度経済成長期までは、目を見張るものがありました。ひとえに当時かかわった、経済界のリーダーの力量が大きく影響しています。

そのころの経営者は、自分の利益はもとより、命の危険すらも度外視して仕事にあたっていました。

自分が携《たずさ》わっている仕事は、会社だけでなく、日本のために必要だという尋《じん》常《じょう》ではない覚悟を持っていたのです。

2日 悪しき風潮

近年、自分にとっての不都合を周囲のせいにする人が多くなっています。そして、お互いにいがみ合っています。

こうした道義的な問題を、周囲のせいにしても何も変わりません。ますます対立を深めるだけです。

心の荒《すさ》みをなくす運動として、私が「日本を美しくする会」を提唱したのは、まさにこうした悪しき風潮をなくしたかったからです。

3日 数値化

学問的な能力だけを判断基準にしてきた社会風潮が、世の中の乱れを引き起こしてきた原因だと思います。

学問的な能力は、数値化することが可能です。数値化すると測定しやすく、順位が決めやすい特徴があります。

しかし、大切なことほど数値化できないのも現実です。大切な人間性や人柄をおろそかにしてきたそのツケが、現代社会の問題となっています。

4日 頭のよい人

「頭のよい人」というのは、いつも「よいことを考える人」のことです。そのためには、自分の手を「よいこと」に使うことです。

よいことに手を使う人は、頭でもよいことを考えるようになります。

「よいこと」に手を使いながら、「悪いこと」を考える人はいません。人間の手と心は連動しているからです。

掃除をすると頭のよい人になります。

5日 分度《ぶんど》

二宮尊徳の教えに次のような言葉があります。「貧富の違いは、分度を守るか失うかにある」。

会社経営も、この教えに尽きます。

つまり、売上の枠内で一定の余剰金を残しながら、支出を図るような経営が基本だということです。

そうして蓄《たくわ》えた余剰金が、明日以降の経営基盤を築いていくのです。分度をわきまえた経営が会社を強くします。

6日 掃除の輪

「日本を美しくする会」も、二〇一八年で創立二十五周年を迎えました。

自転車一台の行商から一部上場の会社を築いたことも、私にとっては誇りであり、うれしいことです。

しかし、それ以上にうれしいのは、続けてきた掃除の輪が、日本全国だけではなく、海外にまで広がっていることです。自分の生涯で、その足跡を残せただけでも望外の喜びです。

7日 団塊世代

団塊世代がすでに定年を迎え、七十歳代に入っています。有史以来、この世代ほど恵まれた時代に生きた日本人はいません。

そんな団塊世代に問われているのが、これからの生き方です。自分の享楽《きょうらく》だけを追い求める生き方はあまりにも寂しすぎます。せめて、享受した幸せの何分の一かでも社会にお返しする。そんな生き方によって、自分が救われます。

8日 包容力

掃除は「他人を受け入れる態勢」をつくるのに、大きな効果があります。掃除をすると、心が耕《たがや》されるからです。

耕すことで、低いところにあったその人の包容力が一定水準まで引き上げられます。そうなれば、広くて思いやりのある心が蘇《よみがえ》ってきます。

自分のことだけを考える人は、周囲の人と助け合うことができません。まず、人を受け入れる態勢をつくることです。

9日 真贋《しんがん》の眼

インドのマハトマ・ガンジーが、「七つの社会的罪」（一七二頁）の次に挙げたのが、「真贋の眼なき世」です。

現代の私たちに問われているのは、まさにこの指摘だと思います。

本物かどうかを見抜く力が欠けているため、相変わらず不祥事の絶えない政治家を輩出しているのが日本です。政治家を選んだのは私たちであり、責任は私たちにあることを忘れてはいけません。

10日 文部科学省の罪

学校現場の先生方が仕事に追われているのは、文部科学省や教育委員会が必要以上の報告を求めるからです。

そのせいで、先生方は生徒に向き合う時間を削られ、ムダな仕事に多くのエネルギーを費やしています。

文部科学省こそ、不都合を無視し合理的なことに目を向けない典型です。これだけでも、文部科学省の罪は大きいと言わざるを得ません。

11日 実行力

経営者に必要な能力として、先見性があります。先見性がなければ、経営のかじ取りを間違うからです。

ただし、先見性があっても、実行力が伴わなければ、何の価値もありません。

先見性はある程度、机上の学問で身につけることができます。

しかし、実行力は体験しなければ身につけることができません。経営者には、先見性と実行力が求められます。

12日 個性尊重

子どもの個性尊重という美名《びめい》のもと、わがまま放題や放任がまかり通っている風潮があります。

公共の場での悪行《あくぎょう》や奇声に対して、注意一つしない親の無神経さにはあきれるばかりです。こんな迷惑行為が許された時代はかつての日本にはありませんでした。このままいくと、やがて日本は無秩序化し、大きなつけを払わされることになるでしょう。

13日

掃除の感想

修学旅行を利用して掃除研修に来社した、ある中学生の感想文を紹介します。

「これまで私は掃除を『やらなければいけないもの』だとも『自分でやるもの』だとも思っていませんでした。いつも『やらされるもの』だとばかり思っていました。しかし、今回掃除研修に参加して、その考えが変わりました。

掃除は『やらせていただくもの』だというということに気づいたのです」

14日

心の幅

長寿社会になったからといって、人間の寿命がこれまでの二倍に延びることはありません。

しかし、寿命には限界があっても、心の幅はその人の努力次第で無限に広げることができます。

年齢とともに心の幅を広げていくと、人としての面積が大きくなります。さらに厚みが加わると、その人の人生の価値が大きく変わってきます。

15日 面接

私が社員の採用試験の面接に立ち会わなかった理由は、次の二つです。

一つは、すべて「縁」だと思っていたからです。私の役目は人を選ぶことではありません。どんな「縁」でも活かすことが、私の役目だと考えたからです。

二つめは、組織についての私の考え方です。私の好みに合った人だけの会社にしてはいけない。同質集団では発展しないという信念からです。

16日 口先だけ

行動の伴わない「口先だけ」の社会風潮を憂《うれ》えています。

原因は「個性尊重」とか「創造性を育《はぐく》む」という名のもとに行なわれてきた学校教育が大きく影響しています。

言葉で立派なことを言う人はたくさんいます。しかし、言葉でいくら立派なことを唱えても、行動が伴わなければ何も変わりません。大切にすべきは、「口先だけ」の言葉よりも具体的な行動です。

17日 働き方

働き方までが法制化されました。本来、働き方は個人が考えるべきもの。行政が入り込むべき問題ではありません。

法制化されたことによって懸念《けねん》されるのは、誠実に働こうとする人が法に触れることもあり得るということです。

そうなると、自分の意思で働きたいと考えている人たちの気持ちを歪《ゆが》めることになります。法制化が、働く意欲の障害にならなければいいのですが。

18日 中国での掃除

中国の大学に、掃除と講演で招かれたことがあります。そのとき、学生たちの真摯《しんし》な取り組みに感動しました。

恵まれない生活のなかで学ぶ学生ばかりでしたが、凛《りん》とした生き方をしている人ばかりでした。

日本の学生とは明らかに違う熱意が伝わってきたのです。このままでは、中国の方々から私たち日本人が掃除を学ばなければならなくなることでしょう。

19日 決断

整理を始めると、作業がなかなか前へ進まないことがあります。

整理する対象が「思い入れのあるもの」や「高価だったもの」や「未使用のもの」等の場合です。

そういうときこそ、頼りになる経営者の出番です。いま使っていないものは徹底的に捨てる決断をしてください。

整理によって会社が活気づくのであれば、代償の高くない決断だからです。

20日 小さな勇気

「大きな勇気を持て」と言われても、簡単に持てるものではありません。

しかし、小さな勇気なら、その気になりさえすれば、いつでも、誰でも、持つことができます。

たとえば「ゴミをひとつ拾う」とか「信号を守る」というようなことです。

こうした小さな勇気を確実に一つひとつ積み重ねていけば、やがて大きな勇気になります。

21日 空港での朝食

基本的に私は朝食を摂《と》りません。ただし、羽田空港を利用して出張する場合だけは別です。

羽田空港の売店に、私が懇意にしているお弁当屋さん「寿徳庵《じゅとくあん》」があるからです。

その「寿徳庵」で好みの弁当を買い、待合の椅子にかけて食べるようにしています。少しでも縁ある人に喜んでいただきたいからです。

22日 復興時の対応

二〇一六年四月に発生した熊本地震のとき、当社所有の大型店舗が壊滅的な災害を被《こうむ》りました。

しかもその店舗は、地震直前にすべての空調機器を交換したばかりでした。

それでも私は即決で再建に着手しました。相見積もりもとらず、即対応できる業者に依頼しました。非常事態時の対応が、その後を左右するからです。早くて悪いことは何もありません。

23日 困ったこと

現役時代、店舗回りをしていたころ、スタッフからさまざまな「困っていること」を聞かされました。

そんなとき、よく「お客様が来ない」と紙に書いて示しながら、次のような発言をしていました。

「このこと以上に困ったことがあるようだったら、意見を出してください」

そうしたら、途端に場が静まり返り、得心してくれました。

24日 ブラック企業

大企業の多くは、下請けの犠牲の上に成り立っています。その下請けが、ブラック企業として社会問題になっています。

下請けは仕事をもらうため、元請けである大企業から無理な条件を押しつけられている実態があります。

下請けがブラック企業にならざるを得ないのは、大企業の法外な要求を聞かざるを得ないからです。

25日 事件現場

私が理解できないのは、いままさに血を流して苦しんでいる人が目の前にいる事件現場で、携帯電話で写真や映像を撮っている人たちの神経です。

死ぬか生きるかの瀬戸際にいる人を目《ま》の当たりにして、写真や映像を撮っている姿は人間の所業ではありません。

たとえ医療技術を身につけていなくても、自分にできる手助けを探すのが人間です。冷めた姿に怖さを感じます。

26日 障がい者

繁忙《はんぼう》期に合わせて、私はしばしば物流センターに足を運んでいました。たとえわずかでも手助けができればとの思いからです。

そんな私の訪問を心底歓迎してくれたのが、身体に障がいを持つ方々でした。私の顔を見ると、抱きついてきて話しかけてくれました。

彼らを失望させたくない一念で、できるだけ毎年通っていました。

27日 三つの学び

人は普通、次の三つの方法から、多くのことを学びます。

①本から学ぶ
②人から学ぶ
③体験から学ぶ

本より人からのほうが約三倍、学びが深まります。さらに、体験から学ぶことはその約十倍、学びが肉体化されます。学びが肉体化されるには、どうしても体験が欠かせません。

28日 整理の効用

決断力を養う訓練として、整理が役立ちます。整理ができない人は、決断力に乏《とぼ》しい人です。決断力のない人に、経営者は務まりません。

経営者には、予想もしない危機的な事態に際して、真正面から向き合い、乗り越えていく勇気が必要です。

そんなとき、覚悟を示せないばかりか、決断できないようでは、会社をまとめることはできません。

29日 美徳陰徳《びとくいんとく》

古来日本人が大事にしてきた言葉として「美徳陰徳」があります。意味は、人知れず善行を積み重ねることです。「美徳陰徳」は、積み上げる人にとって、誇りとなり自信につながります。ときには強い忍耐心にもなります。

各地「掃除に学ぶ会」に参加している人たちがどことなく自信を醸《かも》し出しているのは、日ごろから積み重ねている「美徳陰徳」が土台になっているからでしょう。

30日 節操

かつて原発の推進者だった政治家が、いまは反対派に回っています。

東日本大震災で世論の風向きが変わり、にわかに正義感を振りかざしているとしか思えません。

「私は以前、原発推進派でした。いま考えると、あれは大きな誤りでした」と表明してからならば理解できます。訂正もせずに、反対するのでは、あまりにも節操がありません。

幸せはいつも後からついてくる

12月

楽しみを先取りすると、残るのは苦しみだけ。ゆとりは、将来に楽しみがあることから生まれます。先憂後《せんゆうこう》楽《らく》。幸せに生きるための順序ではないでしょうか。

1日 掃除の意義と効用

掃除にはさまざまな意義と効用があります。そのなかで、とくに私が感じるのは次の三つです。

①掃除は自己を確立することができる。目の前の問題を受け止め、自分で考えて行動するようになる

②掃除は周囲の人に配慮して、いつも先のことを考えるようになる

③掃除は人と時間・行動を共にするため、目標と価値観を共有できる

2日 街をきれいに

行政に予算がなければ、せめて自分たちが住んでいる街くらい、自分たちの手で掃除する気持ちを持ちたいものです。行政頼み一辺倒では、一歩も前へ進みません。予算がなければないなりに、自分たちにできる方法があります。

たとえば、自宅の両隣まで掃除する。このこと自体は小さな一歩かもしれませんが、その姿勢が街を変える大きなきっかけになります。

3日 教室のドア

学校の掃除に行ったとき、私がしばしば手がけるのは、教室出入り口ドアのレールをきれいにすることです。レールの溝《みぞ》には汚れが溜まっていて、ドアの開け閉めもままならない学校があります。それでは、生徒たちの心も晴れません。

私はいったんドアを外してから、掃除します。こうしたことは一見、小さなことのようでも、生徒たちの心に与える影響はけっして小さくありません。

4日 日本を美しくする会

もともと「日本を美しくする会」は、志《こころざし》のみを持って集まった方々のトイレ掃除に学ぶ会です。

それだけに、会の運営上、たとえ未熟なところがあっても、お互いに寛容であってほしいものです。

また、予期せぬことが起きても、行き届かないことがあっても、笑って受け入れる会でありたいものです。

これが、私の切なる願いです。

5日 退社

最初の就職先で、先輩からさまざまな嫌がらせを受けました。何度辞めようかと思ったかしれません。

それでも辞めなかったのは、次の二つの理由からです。

一つは、戦後間もない当時、転職がそんなに簡単ではなかったからです。

もう一つは、両親に心配をかけたくなかったからです。この二つの理由が、退社を思い止まらせました。

6日 座視しておれない

私の体力は日増しに衰《おとろ》えています。最近では一日中起きていることができず、横になったままの日もあります。

痛みと苦しさのあまり、治療やリハビリもやめて、そのまま横になっていたいと思うことさえあります。

それでも、面談したり取材に応じたりするのは、いまの世の中を座視しておれないからです。体力を振り絞って、できるだけ対応するようにしています。

7日 相田みつを

書家の相田みつを先生と、私が最初にご面識をいただいたのは、相田先生が五十八歳、私が四十八歳のときでした。

新聞紙上で、相田先生の言葉「くちではなあ」を初めて目にし、栃木県足利市のご自宅を訪問しました。

そのころの相田先生は、ほとんど知られていない無名の書家でした。それでも私には、それまで会ったどんな人とも違う別次元の人間に見えました。

8日 日米の会社

アメリカ人と日本人では、会社に対する価値観がかなり違います。

アメリカにおける会社は、富を得るための道具でしかありません。業績によって、簡単に売買が行なわれます。

一方、日本における会社は、いわば田んぼみたいな存在です。業績に左右されることなく、経営者と社員が一体となって田を耕《たがや》します。日本人にとっての会社は人間修行の場です。

9日 水の泡《あわ》

私でも掃除をしたくない日がなかったわけではありません。そんな日でも、とりあえず掃除場所までは行くようにしてきました。

そうすると、やる気のないときでも、少々体調が悪いときでも、自然にやる気が出てきていました。

もし私が家を出る行動を起こさなければ、せっかくいままで続けてきた掃除が水の泡になっていたことでしょう。

10日 ほめる

ほめると人は成長します。簡単な用事を頼むということは、ほめるための種蒔《ま》きをすることです。

種を蒔けば、かならず芽が出てきます。ほめる種蒔きもしないで、相手の欠点ばかりをあげつらっていても、人は育つはずがありません。

つまり、ほめる種蒔きもしないような思いやりのない人に、人を育てる資格はないということです。

11日 両親への思い

私の両親は、理不尽で不条理な仕打ちに堪《た》え続けた人生を送りました。

納得できない苦しみにも、ただひたすら堪えてきました。

そんな両親の域に少しでも近づきたい。残り少ない私の人生で、胸に秘めて心がけている願いです。

高等教育を受けたわけでもない両親でしたが、その後ろ姿が私の手本であり、目標になっています。

12日 良書の配布

日本人の劣化を憂《うれ》えている、心ある人は数多くいます。しかし、憂えているだけでは何も変わりません。

その憂いを具体的な行動に移したときから、少しずつ変化が生じてきます。

私はたとえ小さな一歩でも、劣化を食い止めるのに役立つ書籍や雑誌を多めに購入し、周囲の方々に配布しています。

たとえば、雑誌では『WiLL』『正論』『Hanada』などです。

13日 翻訳本

私の拙《つたな》い著作が海外でも翻訳出版されてきました。内訳は、次の通りです。イタリアで『掃除道』など三冊。台湾で『ひとつ拾えば、ひとつだけきれいになる』など三冊。韓国で『鍵山秀三郎「一日一話」』の一冊。中国で『マンガでわかる「掃除道」』など二冊。

翻訳を担当された方は、皆さん私の考えに共鳴してくださり、自国で広めることを使命とされています。

14日 経営者の責任

サラリーマン経営者のなかには、自分の任期のあいだだけなんとか経営がうまくいけばよいと考える人がいます。

在任中、目先の成績を上げることばかりに目がいき、あとのことは考えない。

それでは、自分の評価だけを上げんとする会社の私物化に他なりません。

継続こそが会社の使命。どこまでも、あとを継ぐ人がやりやすいような会社にしてこその経営者です。

15日

疎開体験

昭和二十年の東京大空襲で、東京の実家は灰燼《かいじん》に帰し、全財産を焼失しました。それを機に私たち一家は両親の郷里である岐阜県の山奥に引っ越しました。

そこであてがわれたのは、牛小屋のような廃屋《はいおく》と、およそ作物が育ちそうにない荒れた田んぼや畑でした。親子七人の生活を自給自足で賄《まかな》うという暮らしは困難を窮《きわ》めました。しかし、この疎開体験が私を強くしてくれました。

16日 癒《いや》し

疎開先での生活は、過酷《かこく》そのものでした。それでも、両親が私たち子どもに愚《ぐ》痴《ち》を言ったことはありません。

そのころ、私の両親は貧しいながらも、さらに困っている人へ惜しみなく施《ほどこ》しを分け与えていました。

苦しいときほど人に親切にするというのが両親の生き方だったようです。この生き方が、自分を癒してくれると私が知ったのは、ずっと後のことです。

17日 店舗

大型店舗には強みもありますが、弱点も同じくらい存在するものです。

店舗を大型化することによって、掃除やサービスの劣化が生じた例は枚挙《まいきょ》にいとまがないくらいです。

反対に、店が小規模だからこそできる、きめ細かなサービスもあります。

店舗の大小にかかわらず、現状を受け入れて、その店の利点と特長を活かして、工夫を重ねる以外にありません。

18日 競争

数字をもとに社員の優劣を決めるのは、管理者にとって楽なことです。しかし、その分、社員同士の競争が激化します。競争が激化すると、隣の席に座っている人が敵に見え、気持ちの落ち着きがありません。

次第に心は荒《すさ》み、やり場のない憤《いきどお》りが社風を悪くします。社員間の競争は百害あって一利なし。

私の信念ともいうべき考え方です。

19日 普天間《ふてんま》基地の掃除

新聞やテレビ等で報道されている通り、沖縄の普天間基地では連日のように激しい反対運動が繰り返されています。

その実態は、基地のフェンスにテープやリボンを巻きつけたり、ゴミを廃棄したり、米兵士に罵声《ばせい》を浴びせたり。無法地帯と化しています。

そこで私たちは、「いかなる理由があろうとも、街を汚す行為に正義はない」を旗印に、これまで六回掃除をしました。

20日 外国からの脅威

中国や韓国・北朝鮮などの周辺諸国が、日本に対して挑発的な行動を繰り返しています。由々《ゆゆ》しき問題です。

たぶん相手国は、日本国民のレベルを推《お》し量《はか》りながら、牽制しているにすぎません。そんな相手国に、直接的な力で対抗しても逆効果だと思います。

それより、「とても手出しできる国ではない」と相手国に思わせる気概を知らしめることが重要です。

21日 社内の雰囲気

個人の競争をあおるような会社にすべきではありません。

会社全体で利益が上がるような組織や態勢にしなければ、社内の雰囲気がよくならないからです。

そのためにも、小まめに掃除をする。大きな声で明るい挨拶をする。こうした誰にでもできることに徹底して取り組めば、社内の雰囲気を壊すことなく経営することができます。

22日　難病

医者から不治《ふじ》の難病を宣告され、長生きできない自分の人生に絶望していた高校の先生がおられました。ちょうどそのころ、私との出会いがあり、掃除を始めるきっかけになったのです。

それまで、すべてに対して否定的な考え方をしておられたようでしたが、掃除で前向きな考え方に変身しました。

掃除で自分のなかの「業《ごう》」がすっかり抜け、いまでは元気そのものです。

23日　副作用

会社を経営していると、業容の拡大に比例して、さまざまな副作用や副産物が生まれるものです。

とくに、表面上の売上や利益だけを重視していると、水面下に潜《ひそ》むこれらの問題を見逃してしまいがちです。

大切なのは、表面上の売上や利益だけではありません。目に見えないこうしたマイナス面による小さな問題が、思わぬ誤算を呼び込みます。

24日 繁栄

「きれいな国家は栄える。きれいな会社も繁栄する」と言われます。

きれいにすることが繁栄につながるのは、そこに身を置く人の気持ちが前向きになり、やる気につながるからです。

汚くて雑然とした環境では、何から手をつけていいのかわかりません。

まず生活環境をきれいにして、仕事がやりやすいように整える。このことが、繁栄するための第一歩です。

25日 罪悪感

脳梗塞《のうこうそく》を発症以来、体調が思わしくないときは、昼間から横になることも多くなりました。

そんなとき、ふと罪悪感が頭のなかをよぎります。これまで働き詰めの人生だったからでしょうか。

ところが不思議なもので、夜になると安心して眠りにつくことができます。

病気をしても昼間から、いまだにゆっくり休む気になれません。

26日 少年院での講演

少年院で講演したことがあります。

そのとき私は、「はたして君たちがここにいることを、君たちの両親や家族が喜んでいるだろうか。過ちは、今回かぎりにしてほしい」と言って、Jリーグのサッカー選手との練習を約束しました。

少年たちは感激していました。ところが別れ際、「そんないいことがあるのなら、もっとここにいたい」と一人の少年が呟《つぶや》いたのにには驚かされました。

27日 アメリカとの違い

そもそもアメリカと同じ基準で日本を論じることはできません。日本は国土が狭いばかりでなく、ほとんどが山で、使える土地はかぎられます。

一方、アメリカは日本の二十五倍もの国土がありながら、人口はわずか二・六倍です。一人当たりの土地の面積は約十倍。資源の埋蔵量も比較になりません。そういう国と日本が、同じ基準で競争できるはずがないのです。

28日 年賀状

年賀状は、配達される前に、郵便局で受け取るようにしています。そのために、私が郵便局に通うのは、年末の二十八日から一月五日ごろまでのほぼ毎日。

先受けするのは、配達する人の負担を少しでも軽減したいからです。

毎年届けられる私への年賀状は膨大《ぼうだい》な数になります。その年賀状を配達しなくてもいいように、事前に受け取るようにしています。

29日 気遣い

歯医者での治療中、少々の痛さには堪《た》えるようにしています。たとえ痛くても、顔をしかめたりせず表情に出さないよう心がけています。

だからといって、ニヤリとすることはありませんが、できるだけ平気な顔でいるようにしています。

いくら歯医者さんでも、患者が苦痛で顔をゆがめていたら、けっしていい気持ちはしないと思うからです。

30日 経営者の信念

会社を創業して以来、ずいぶん危険な目に遭《あ》いながら経営してきました。

なかでも大変だったのは、社員が車で死亡事故を起こしたときでした。しかも、亡くなった相手が暴力団員の父親だったのです。

周囲には猛反対されましたが、私は一人で事件の処理にあたりました。会社を守れるのは自分しかいない、という強い信念があったからです。

31日 私の願い

私の願いはただ一つ、争わない社会の実現です。そのためには、みんなが仲よくする以外にありません。

争いの原因には、環境が大きく影響しています。汚く乱雑なところでは気持ちも荒っぽくなり、きれいに片づいているところでは落ち着きます。

争わない社会の実現を目指して、私たちは家庭・学校・職場・街の掃除を続けています。

あとがき

このたびの出版は、鍵山相談役が体調絶不調のなかでの取り組みとなりました。鍵山相談役には体調不良にもかかわらず、校正のため原稿の全頁にお目通しいただきました。机に向かうその光景はまさに、静寂《せいじゃく》なお寺における修行僧を連想させるものでした。

私たち二人が、一回の校正に費やした時間は約半日間。絨毯《じゅうたん》の敷かれた床にお互いが正座して、座卓に向かっての作業となりました。発病前は何時間でも正座できていた鍵山相談役も、いまはせいぜい三十～四十分が限度。

同じ姿勢を続けていると、どうしても足が硬直します。そのたびにゆっくりと立ち上がり、筋肉をほぐしてからまた座卓に向かうということの繰り返しでした。健常者の私でさえ苦痛の伴う姿勢。鍵山相談役の身体への負担はいかばかりだったかと推察します。

しかし、その犠牲もあって十分な読み込みをすることができ、納得のいく作品にできあがりました。姿勢を正し、一行一行を入念に読み込んでおられた鍵山相談役の姿がいまでも目に浮かびます。

この本は二〇〇四年二月に出版された『鍵山秀三郎「一日一話」』（ＰＨＰ研究所）の続編とも呼ぶべき作品です。前作は発売以来二十刷を重ね、多くの方々にご愛読いただいてきました。内容は三百六十六話からなり、年間を通して毎日、鍵山相談役と出逢える形式になっています。文章量からしても短い時間で読めることもあり、とくに会社の朝礼等でよく活用されてきました。

今回の新刊も、各企業様の朝礼をはじめ、さまざまな場で読者の皆様に活用されるようになれば、こんなうれしいことはありません。

出版にあたりましては、今回もＰＨＰ研究所常務執行役員の安藤卓様に多大なるご指導をいただきました。また、イラストレーターの北國説子様による心温まるイラストで、一段と見栄えのする書籍となりました。併せて、心より感謝を申し上げます。
最後に、鍵山相談役の体調のご回復をただひたすらお祈りしつつ、あとがきに代えさせていただきます。

二〇一九年三月

亀井民治

〈著者略歴〉
鍵山秀三郎（かぎやま　ひでさぶろう）
昭和８年、東京生まれ。昭和27年、疎開先の岐阜県立東濃高校卒業。昭和28年、デトロイト商会入社。昭和36年、ローヤルを創業。平成９年９月、東京証券取引所一部上場、同年10月、社名をイエローハットに変更。平成10年、同社取締役相談役。平成20年、取締役辞任。創業以来続けている「掃除」に多くの人が共鳴し、その活動はＮＰＯ法人「日本を美しくする会」として全国規模となるほか、海外にも輪が広がっている。
主な著書に『鍵山秀三郎「一日一話」』『掃除道』『ひとつ拾えば、ひとつだけきれいになる』『人間を磨く言葉』『困ったことばかりでも、何かひとつはよいことがある。』『写真で学ぶ「掃除道」』『人生の作法』『仕事の作法』『ムダな努力はない』『やっておいてよかった』『困難にも感謝する』（以上、ＰＨＰ研究所）などがある。

〈編者略歴〉
亀井民治（かめい　たみはる）
昭和21年、鹿児島県生まれ。㈱システムジャパン代表取締役社長。経営コンサルティング、講演活動に従事。アイウィル「経営者能力養成コース」総合指導顧問、「統率力養成コース」専任講師。薩摩大使。
著書に『エピソードで綴る　鍵山秀三郎の流儀』『エピソードで綴る 鍵山秀三郎の美学』『「鍵山掃除道」の実践録』（以上、ＰＨＰ研究所）、『西郷隆盛に学ぶ指導者像』（不尽叢書刊行会）、『実践経営指南録』（三五館）。編著書に『鍵山秀三郎「一日一話」』『掃除道』『ひとつ拾えば、ひとつだけきれいになる』『人間を磨く言葉』『困ったことばかりでも、何かひとつはよいことがある。』『人生の作法』『仕事の作法』『困難にも感謝する』『ハガキ道』（以上、ＰＨＰ研究所）などがある。

凡事徹底「一日一話」

「後味のよい人生」を送るために

2019年4月22日　第1版第1刷発行
2023年5月2日　第1版第2刷発行

著　者	鍵山秀三郎
編　者	亀井民治
発行者	村上雅基
発行所	株式会社ＰＨＰ研究所

京都本部　〒601-8411　京都市南区西九条北ノ内町11
教育ソリューション企画部　☎075-681-5040(編集)
東京本部　〒135-8137　江東区豊洲5-6-52
普及部　☎03-3520-9630(販売)

PHP INTERFACE　https://www.php.co.jp/

制作協力 組　版	株式会社PHPエディターズ・グループ
印刷所 製本所	図書印刷株式会社

ISBN978-4-569-84045-1